DOCUMENTS

SUR

LES RELIEURS

MINIATURISTES & CALLIGRAPHES

DES ORDRES ROYAUX

DE SAINT-MICHEL ET DU SAINT-ESPRIT

PUBLIÉS PAR

F. MAZEROLLE

PARIS

LIBRAIRIE TECHENER

(H. LECLERC ET P. CORNUAU)

219, rue Saint-Honoré, au coin de la rue d'Alger

1897

DOCUMENTS

RELIEURS, MINIATURISTES & CALLIGRAPHES

DES ORDRES ROYAUX

DE SAINT-MICHEL & DU SAINT-ESPRIT

Extrait du Bulletin du Bibliophile

(1895-1897)

DOCUMENTS

SUR

LES RELIEURS

MINIATURISTES & CALLIGRAPHES

DES ORDRES ROYAUX

DE SAINT-MICHEL ET DU SAINT-ESPRIT

PUBLIÉS PAR

F. MAZEROLLE

PARIS

LIBRAIRIE TECHENER

(H. LECLERC ET P. CORNUAU)

219, rue Saint-Honoré, au coin de la rue d'Alger

—

1897

DOCUMENTS

SUR

LES RELIEURS

DES ORDRES ROYAUX

DE SAINT-MICHEL ET DU SAINT-ESPRIT

Au cours de recherches dans la collection Clairambault, conservée au Cabinet des Manuscrits à la Bibliothèque Nationale, nous avons relevé tous les documents relatifs aux reliures faites pour les deux ordres royaux de Saint-Michel et du Saint-Esprit. Presque tous ces documents sont des originaux, quittances ou extraits des Comptes annuels des ordres ; quelques-uns sont des copies exécutées au XVIIIᵉ siècle pour ou par Clairambault. Les documents sur les relieurs français sont si rares que nous avons cru intéressant de réunir tous ceux que nous avons pu trouver au cours de nos dépouillements. A la fin de ce travail, nous donnerons quelques pièces relatives à d'autres artistes du livre et du manuscrit, enlumineurs, graveurs d'estampes, écrivains, qui ont travaillé pour les ordres royaux. Les documents que nous publions, en dehors des renseignements qu'ils nous donnent sur les travaux de quelques relieurs parisiens déjà très connus, fournissent des indications nouvelles pour leur biographie, qu'a établie avec tant de compétence M. Thoinan dans son ouvrage sur les *Relieurs français* (1500-1800).

Nous pouvons fixer à peu près la date du décès de Nicolas Ève « layeur, relieur de livres et libraire du Roi ». Il mourut avant 1581. Nous apprenons qu'il avait épousé Noelle ou Nicole Hecqueville, dont le nom peut être ajouté à ceux des relieurs parisiens ; en effet, en 1582, après la mort de son mari, elle avait relié des statuts et des livres d'heures du Saint-Esprit.

Les fers dont s'étaient servis Nicolas et Clovis I Ève pour les reliures, avaient été gravés par Philippe I Danfrie, tailleur général des Monnaies de France. Nous savons, par l'information de bonne vie et mœurs faite à la Cour des Monnaies, lors de sa réception comme tailleur général, qu'il avait travaillé pour les relieurs ; nous en avons ici la preuve.

M. Thoinan donne comme date de la mort de Clovis Ève, 1634 ou 1635. Il dit que ce relieur exerçait dès 1596. Nos documents font mention de travaux de reliure dès 1584. La distance entre cette date et celle de la mort, 1634 ou 1635, nous porte à croire qu'il y eut deux Clovis Ève, l'un Clovis I Ève, qui travailla pour l'ordre du Saint-Esprit de 1584 à 1587, et un autre Clovis II Ève, fils ou parent de Clovis I, qui relia en 1621 et en 1633 des livres d'heures du Saint-Esprit.

Nous ajoutons un nouveau nom de relieur à la liste dressée par M. Thoinan, celui de Pierre

Thierry, auquel on doit des reliures exécutées en 1633.

Le même auteur a cité un certain Gilles Boulingre qui serait mort après 1583. (1683 ?) Or, nous trouvons ce relieur mentionné en 1654. S'agit-il du même personnage ?

M. Thoinan dit que Louis-Joseph Dubois exerça ses fonctions de relieur du roi dès 1698 ; ailleurs il donne la date 1705 ; nos documents font mention de ses travaux pour les ordres dès 1704, mais nous ne le voyons qualifié de « relieur ordinaire du Roi » qu'à partir de 1717, dans les documents que nous publions et dont quatre ont été cités par M. Thoinan (1). Louis-Joseph Dubois avait une fille, Anne-Marguerite, qui le 6 février 1728 toucha 357 livres pour les travaux exécutés par son père, qui était mort peu auparavant. La date du décès de ce relieur doit donc être reportée avant le 6 février 1728, M. Thoinan ayant donné la date du 17 février. Les fers des reliures faites par Louis-Joseph Dubois pour le Saint-Esprit, ont été gravés par Rousselet.

Gabriel-Jean-Baptiste Tiger était, ainsi que nous le font connaître nos documents, neveu de Louis-Joseph Dubois ; il succéda à son oncle comme relieur des ordres. Nous trouvons ses travaux mentionnés jusqu'en 1770.

Nous publions un intéressant document sur Augustin Duseuil (1740), c'est le premier qui donne l'indication de travaux exécutés par ce relieur dont le nom est si célèbre.

(1) D'après une note que nous a obligeamment communiquée M. Gruel, L.-J. Dubois aurait été nommé relieur ordinaire du Roi le 16 septembre 1699.

Un autre relieur parisien, Jean Pasquin, mentionné dans la liste de M. Thoinan, reçut en 1761, 27 livres pour la reliure des offices de l'ordre de Saint-Michel.

F. M.

NICOLAS ÈVE
NOELLE ou NICOLE HECQUEVILLE, SA FEMME,
ET PHILIPPE I DANFRIE

1579-1584

1579

1. — *Nicolas Ève, statuts du Saint-Esprit.*

A Nicolas Ève, laveur et relieur de livres et libraire du Roy, 47 escus et demy, pour avoir lavé, doré et reglé sur tranche 42 livres des statuts et ordonnances de l'ordre du (Saint-Esprit), reliez et couverts de maroquin orangé du Levant, enrichis d'un costé des armoiries de S. M. pleines, dorées, et de l'autre de France et de Pologne et aux 4 coins des chiffres et le reste de flames ; avec leur fermoirs de ruban orangé et bleu, suivant l'ordonnance de M. le chancelier du 26 et quittance du 27 decembre 1579.
Cy,   XLVII escus et demy.

(Extrait fait par Clairambault sur les acquits originaux de l'ordre du Saint-Esprit. — Bibl. Nat., M. Cl. 1231, fol. 91 r°. — Voir aussi Compte du Saint-Esprit pour 1578 et 1579. — Copie de Clairambault. — Même ms., fol. 108 r° et v°).

Ce document a été signalé par M. Thierry. (Bibliothèque Nationale ; notice des objets exposés. Paris, Champion, 1881, p. 143, n° 426).

(Voir Thoinan, article *Ève*.)

Nous donnons ici la reproduction d'une reliure d'Henri III des statuts du Saint-Esprit, d'après l'exemplaire exposé à la Bibliothèque Nationale sous le n° 426 ; c'est le plat de dessous, qui diffère de l'autre en ce que les armes de France sont remplacées par les écussons accolés de France et de Pologne. (Voir aussi une variante de cette reliure exposée sous le n° 427).

M. Morgand a eu l'obligeance de nous signaler un exemplaire des statuts du Saint-Esprit, aux armes d'Henri III, qui a fait partie de la bibliothèque de feu M. le Comte de Lignerolles. Cette reliure est plus simple que celles de la Bibliothèque Nationale ; les plats ne sont pas semés de flammes et de fleurs de lis, mais les fers sont les mêmes. C'est un type plus rare.

1582

2. — *Noelle Hecqueville, veuve de Nicolas Ève, statuts et livres d'heures du Saint-Esprit.*

A Noelle Hecqueville, veufve de Nicolas Esve, luy vivant, rellieur de Sadicte Majesté, la somme de cinquante escus à luy ordonnée par ledict sieur de Cheverny, par ladicte ordonnance dudict xIII° janvier, pour avoir par elle lavé, reglé et rellié douze livres des statutz dudict ordre (du Saint-Esprit) et soixante paire d'heures du Saint-Esprit, le tout couvert de marroquin orangé, semé de petites langues de feu dorées et aux coings ung Saint-Esprit ; lesdictes heures argentées sur la tranche et les dicts livres dorez, garniz de leurs fermoirs de ruban orangé et bleu ; lesquelles heures et livres ont esté distribuez à tous Messieurs les cardinaulx, prelatz et chevalliers dudict ordre.

Cy, par vertu de ladicte ordonnance et quictance de ladicte veufve, signée à la requeste dudict Seguier, le xIII° janvier, cy rapportée, pour cecy, la somme de   L escus.

(Compte de l'ordre du Saint-Esprit pour 1582. — Original. — Bibl. Nat., Ms. Cl. 1191, fol. 13 r° et v°).

1583

3. — *Philippe I Danfrie, fers aux emblèmes du Saint-Esprit.*

A Philippes Damphrie, graveur general des Monnoyes du Roy, la somme du 35 escus à luy ordonnée par ledit sieur chancelier, par son ordonnance signée de sa main le 2ᵉ jour du mois janvier audict an, pour le payement d'avoir fait et gravé, par le commandement de Sa Majesté, des fers ou grand volume où sont les armoiries de Sadite Majesté et la mission du Saint-Esprit, qui ont servis à mettre sur les livres où sont enluminez des armoiries de tous MM. les cardinaux, prelats, commandeurs et officiers dudit ordre.

Cy, par vertu de ladite ordonnance et d'une certification dudit Morin, signée de luy le 26ᵉ jour de décembre 1583, iceux fers avoir esté fourny et livrez, cy rapporté et rendu avec ladite ordonnance et quittance d'iceluy Damphrie, signée à sa requeste, Denis, notaire et secretaire dudit seigneur, le 13ᵉ jour de janvier audit an ; pour cecy, ladite somme de   35 escus.

(Compte de l'ordre du Saint-Esprit pour 1583. — Copie de Clairambault. — Bibl. Nat., Ms. Cl. 1117, fol. 223 vᵒ).

Nous avons signalé à M. le Baron J. Pichon un document sur Philippe I Danfrie « graveur d'armoiries » qui grava en 1579 deux fers aux armes du roi, l'un aux armes de France, l'autre aux armes de France et Pologne, pour les statuts et ordonnances du Saint-Esprit. Ce document est publié dans le si curieux travail de M. le baron J. Pichon et de M. G. Vicaire, sur les libraires parisiens (*Bulletin du Bibliophile*, 1893, pp. 310 et 311).

1583-84

Philippe I Danfrie, fers aux emblèmes du Saint-Esprit.

4. — Partyes fournies par Mᵉ Philipes Damphrie, graveur general des Monnoyes du Roy, pour les affaires de l'ordre du Sainct-Esprit.

Premierement, pour avoir faict et gravé par le commandement de Sa Majesté les fertz où sont les armoryes d'icelle, en fort grand volume, pour mectre et servir a l'advenir tant sur les couvertures des grandz livres esquelz sont depeinctes et enlumynées au vray les armoryes et timbres de tous les cardinaulx, prelatz, commandeurs et officiers dudit ordre, que aussy pour mectre sur les autres grandz livres que Sa Majesté commande ordinairement estre relyez, à cause que les fertz où sont sesdictes armoryes, qui ont cy-devant esté faictz, sont trop petilz pour mectre sur iceulx grandz livres, la somme de   XXX escus.

Plus, pour avoir, par ledict Danphrie, gravé ung autre fert où est la mission du Sainct-Esprit, pour servir et mectre sur les encoignures des couvertures desdictz grandz livres cy-dessus, la somme de   XV escus.

(*A la suite*). Je soubzsigné, roy d'armes de l'ordre du Sainct-Esprit, certiffie que ledict Damphrie, graveur susdict, a faict, fourny et livré pour le service du Roy le contenu des partyes cy-dessus, en temoing de quoy, j'ay signé ces presentes, à Paris le xxvi° jour de decembre Mv° iiii°° iii.

(*Signé*) : MORIN.

(Original. — Bibl. Nat., Ms. Cl. 1190, fol. 106 v°).

5. — Monsieur de Villeroy, grand tresorier de l'ordre du Sainct-Esprit, je vous prie que des deniers qui ont esté cy-devant ou seront cy-après mis en voz mains, pour le faict dudict ordre, vous faictes payer à M° Philipes Damphrie, graveur general des Monnoyes du Roy, la somme de trente-cinq escuz soleil, pour son payement d'avoir faict et gravé, par le commandement de Sa Majeté, les fertz où sont les armoryes d'icelle en fort grand volume, pour mectre et servir à l'advenir, tant sur

les couvertures des grandz livres, esquelz sont depeinctes
et enlumynées au vray les armoryes et timbres de tous
les cardinaulx, prelatz, commandeurs et officiers dudict
ordre, que aussy pour mectre sur les autres grandz livres
que Sa Majesté commande ordinairement estre relyés, à
cause que les fertz où sont sesdictes armoryes qui ont cy-
devant esté faictz, sont trop petitz pour mectre sur iceulx
grandz livres, ensemble pour avoir, par ledict Danphrie,
gravé ung autre fert où est la misson (*lisez* : mission) du
Sainct-Esprit, pour servir et mectre sur les encoignures
des couvertures desdictz grandz livres cy-dessus ; et en
rapportant la presente avec quictance dudict Danphrie,
ladicte somme de xxxv escus vous sera passée et allouhée
en voz comptes, sans aulcune difficulté.

Faict à Paris, le dixieme jour de janvyer mil cinq cens
quatre-vingtz et quatre.

(Signe) : Hurault.

(Original. — Bibl. Nat., Ms. Cl. 1190, fol. 107 r°).

6. — En la présence de moy... notaire et secretaire du
Roy, M° Philipes Damphrie, graveur general des Monnoyes du Roy, a confessé avoir eu et receu comptant de
Messire Nicolas de Neufville, chevalier, sieur de Villeroy,
grand tresorier de l'ordre du Sainct-Esprit, la somme de
trente-cinq escus soleil, à luy ordonnée pour son payement d'avoir fraict et gravé, par commandement de Sa
Majesté, les armoryes d'icelle, en fort grand volume, et
ce, pour mectre et servir à l'advenir tant sur les couvertures des grandz livres esquelz sont depeinctes et enlumynées au vray les armoryes et timbres de tous les cardinaulx, prelatz, commandeurs et officiers dudict ordre,
que aussy pour mectre sur les autres grandz livres que
Sa Majesté commande ordinairement estre reliez, à cause
que les fertz où sont sesdictes armoryes qui ont cy-devant

esté faictz, sont trop petitz pour mectre sur iceulx grandz livres, ensemble pour avoir, par ledict Damphrie, gravé ung autre fert où est la mission du Sainct-Esprit, pour servir et mectre sur les encoignures des couvertures desdicts grands livres cy-dessus, de laquelle somme de xxxv escus soleil ledict Damphrie s'est tenu et tient pour comptant, et en a quicté et quicte ledict sieur de Villeroy, trésorier susdict, et tous autres. En tesmoing de quoy, j'ay signé la presente, à sa requeste.

Faict à Paris, le xiiie jour de janvier mil cinq cens quatre-vingtz et quatre.

(Signé) : DENIS.

(Original. — Bibl. Nat., Ms. Cl. 1190, fol. 107 r°).

1584

7. — Noelle Hecqueville, statuts et livres d'heures du Saint-Esprit.

Monsieur de Villeroy, grand tresorier de l'ordre (du Saint-Esprit), le Roy m'a commandé faire paier à Morel, imprimeur de Sa Majesté, etc., etc.

. . . .

Faictes aussi paier à la veufve de feu Esve, relieur du Roy, la somme de quatre-vingtz escus à elle ordonnnée, pour avoir lavé et reiglé et doré sur la tranche soixante desdicts statuts et iceulx reliez en marroquin orangé avecque des filetz d'or dessus la couverture et quatre chiffres, garniz de chacun de quatre rubans large, de couleur bleue, à raison d'ung escu pièce et avoir aussi lavé et reiglé quarente paires d'heures du Sainct-Esprit, pour donner aux chevaliers dudict ordre et iceulx couvertes dudict marroquin, garnyes chacune de quatre rubans pour les fermer, à raison de demy escu pièce.

(Original. — Bibl. Nat., Ms. Cl. 1190, fol. 84 r°).

1584

8. — *Noëlle Hecqueville, statuts et livres d'heures du Saint-Esprit.*

En la presence de moy...., notaire et secretaire du Roy, Noelle Hecqueville, veufve de Nicolas Esve, luy vivant, relieur dudict seigneur, a confessé avoir receu comptant de Messire Nicolas de Neufville, chevalier, seigneur de Villeroy, conseiller dudict seigneur et grand tresorier de son ordre (du Saint-Esprit), la somme de quatre-vingtz escus, à elle ordonnez par Monsieur de Cheverny, chancellier dudict ordre ; assavoir, soixante escus pour la relliure en marroquin orangé de soixante statutz d'icelluy ordre, à raison d'ung escu pièce, garniz de quatre rubans larges, de couleur bleue, servant de fermoirs, et iceulx avoir lavez et reglez, et vingt escus pour quarente paires d'heures du Sainct-Esprit, aussi relliées en marroquin orangé, garnyes du rubans pour les fermer, pour icelles distribuer tant aux chevaliers nouvellement créez que à aucuns des antiens ; de laquelle somme de IIII^xx escus ladicte Hequeville s'est tenue pour contante par la presente, que j'ay pour ce signée à sa requeste, le xve jour de janvier mil v^c quatre-vingtz-quatre.

(Signé) : DE RAMERU.

(Original. — Bibl. Nat., Ms. Cl. 1190, fol. 85 r°).

1584

9. — *Nicolle* (sic) *Hecqueville, statuts et livres d'heures du Saint-Esprit.*

A Nicolle Hequeville, veuve de feu Nicolas Esve, luy vivant, relieur du Roy, la somme de 80 ecus soleil, a elle ordonnée par mondit sieur de Cheverny par son ordonnance et signée ledit sixième janvier audit an 1584, pour avoir par elle lavé, reglé, doré sur la tranche 60 desdits statuts (de l'ordre du Saint-Esprit) et iceux reliez en maroquin orangé avec des filets d'or dessus la couverture et quatre chiffres aux 4 coins, iceux garnis chacun de quatre rubans large de soye bleue, à raison d'un ecu pièce et avoir aussy lavé et reglé 40 paires d'heures du Sainct-Esprit, pour donner aux chevaliers dudit ordre et icelles couvertes dudit maroquin orangé semées et couvertes de langues d'or, garnies chacune de 4 rubans pour les fermer et ce, à raison de 1/2 ecu pièce.

Cy, par vertu de ladite ordonnance et quittance de ladite veuve, signée à sa requête de Rameru, notaire et secretaire du Roy, le 15ᵉ jour de janvier audit an 1584, pour cecy, ladite somme de   30 ecus.

(Compte de l'ordre du Saint-Esprit pour 1583. — Copie de Clairambault. — Bibl. Nat., Ms. Cl. 1117, fol. 222 vᵒ).

CLOVIS I ÉVE

1584-1587

1584

10. — *Clovis I Ève, statuts et livres d'heures du Saint-Esprit.*

A Clovis Esve, rellieur de Sa Majesté, la somme de dix-sept escus soleil à luy ordonnée par ledict seigneur chancelier, par la dicte ordonnance dudict iiiᵉ janvier oudict an, pour avoir relié de neuf dix desdicts statutz (du Saint-Esprit) en marroquin orangé, lavez, reglez et dorez sur la tranche, garnis de fermoirs de ruban bleu large, à raison d'un escu pièce, pris ordinaire, et pour en avoir enchassé six autres dans les vielles couverthures d'autres statutz qui furent relliez l'année m vᶜ ɪɪɪɪˣˣ ɪɪɪ, lesquelz ne servirent de rien parce qu'ilz furent aussitost corrigez par Sadicte Majesté, à raison de trante solz pièce, et relié huit paires d'heures dudict ordre, à ladicte raison de trante solz pièce, pour donner tant à Messieurs les chevalliers nouvellement receuz audict ordre que autres.

Pour cecy, par vertu de ladicte ordonnance et quictance dudict Esve, signée à sa requeste, Habert, notaire et secretaire du Roy, le xɪɪɪᵉ jour dudict mois de janvier oudit an, ey ladicte somme de   xvɪɪ escus.

(Compte de l'ordre du Saint-Esprit pour 1584. — Bibl. Nat., Ms. Cl. 1191, fol. 35 rᵒ et vᵒ).

1587

11. — *Clovis I Éve, statuts, livres d'heures et livres des Évangiles du Saint-Esprit.*

En la presence de moy ..., notaire et secretaire du Roy, Clovis Éve, relyeur de Sa Majesté, a confessé avoir receu comptant de Messire Nicolas de Neufville, chevalier, grand tresorier des ordres dudict seigneur, la somme de cent unze escus soleil à luy ordonnée par Monseigneur le chancellier, pour avoir relyé et couvert en marroquin orangé cent deux statutz dudict ordre (du Saint-Esprit), avec dix paires d'heures du Saint-Esprit et pour avoir aussy relyé et couvert de velours le livre des Evangilles, qui a esté faict de neuf pour le service dudict ordre, de laquelle somme de cent unze escus soleil, ledict Éve s'est tenu pour contant, par la presente que j'ay, pour ce, signée de ma main à sa requeste, le unziesme jour de janvier mil vᶜ quatre-vingtz-sept.

(*Signé*) : BENOIST.

(Original. — Bibl. Nat., Ms. Cl. 1119, fol. 72 — Voir aussi l'ordre de payement, fol. 71).

Le livre des Évangiles du Saint-Esprit a été enluminé par
Guillaume Richardière, ainsi qu'on le verra plus loin.

1587

12. — *Clovis I Ève, statuts, livres d'heures*
et livre des Évangiles du Saint-Esprit.

A Clovis Esvé, relieur du Roy, la somme de cent unze
escuz soleil, à luy ordonnée par mondict seigneur le
chancelier, par son ordonnance signée de sa main le IIIe
jour de janvier M V^c quatre-vingtz-sept ; assavoir, cent
deux escuz pour avoir relié et couvert en maroquin
orangé cent deux des statutz dudict ordre, qui ont esté
distribuez tant à Sa Majesté qu'à Messieurs les cardinaulx,
prelatz, chevaliers, commandeurs et officiers dudict
ordre, à raison d'un escu pièce ; cinq escuz pour la
relieure de dix paires d'heures d'icelluy ordre, qui ont
esté delivrées aux nouveaux chevaliers dernierement
receuz, à raison de trente solz pièce, et quatre escuz pour
la relieure du livre des Évangiles, qui a esté faict de neuf,
pour le service dudict ordre, couvert de velours cramoisy.
Pour cecy, par vertu de ladicte ordonnance et quictance
dudict Esvé, signée à sa requeste : Benoist, notaire et
secretaire du Roy, le XIe jour de janvier dernier, M V^c
quatre-vingtz-sept, ladicte somme de   CXI escus.

(Compte de l'ordre du Saint-Esprit pour 1586. — Bibl. Nat.,
    Ms. Cl. 1191, fol. 63 r° et v°. — Voir aussi, copie de
    Clairambault. — Ms. Cl. 1119, fol. 114 r°.)

1587

13. — *Clovis I Ève, livres d'heures du Saint-Esprit.*

A Esvé, relieur de Sa Majesté, la somme de cinquante
escuz soleil, pour avoir par luy relié cent paires desdictes
heures (du Saint-Esprit), et icelles couvert de marocquin

orengé, garnies de fermoirs de rubens blancz et orangez, à raison de demy-escu pièce, par sa quictance signée à sa requeste, Thomas, notaire et secretaire du Roy, le dernier jour dudict mois de juillet oudict an. Cy L escus.

(Compte de l'ordre du Saint-Esprit pour 1587. — Bibl. Nat., Ms. Cl. 1191, fol. 84 v° et 85 r°. — Voir aussi copie de Clairambault. — Ms. Cl. 1123, fol. 78 v°).

XVIIᵉ SIÈCLE

CLOVIS II ÈVE

1621-1633.

1621

14. — *Clovis II Ève, livres d'heures de Saint-Michel et du Saint-Esprit.*

A Clovis Ève, marchand libraire à Paris et relieur ordinaire du Roy, la somme de dix-neuf livres quatre solz, pour avoir relyé douze paires d'heures en maroquin pour Messieurs les chevalliers et commandeurs desdits ordres (de Saint-Michel et du Saint-Esprit), à raison de trente-deux solz pièce, comme appert par sa quictance passée par devant nottaires le dixiesme jour d'avril M VIᶜ vingt-deux, cy rendue.

Pour cecy,   XIX livres IIII sols.

(Premier compte de Thomas Morant, grand trésorier des ordres du Roi, pour 1621. — Bibl. Nat., Ms. Cl. 1247, fol. 48 v° et 49 r°).

1633

15. — *Clovis II Ève, livres d'heures du Saint-Esprit.*

A Clovis Ève, relieur ordinaire du Roy, la somme de six vingts-cinq livres douze solz, pour l'impression (*sic*) de cent paires d'heures du Sainct-Esprit en papier, reliez de carte, enrichiz de quantité de taille douce, tant pour Sa Majesté que pour les chevalliers du Sainct-Esprit, lors de ladite ceremonye, comme appert par l'ordonnance de Sadite Majesté et la quictance dudit Ève, passée par devant nottaires le vingt-quatreieme jour de may M VI° trente-trois.

Cy   VI°° V livres XII sols.

(Douzième compte de Thomas Morant, grand trésorier des ordres du Roi ; dépenses faites pour la cérémonie de l'ordre du Saint-Esprit du 15 mai 1633. — Bibl. Nat., Ms. Cl. 1247, fol. 150 v°).

PIERRE THIERRY

1633

16. — *Livres de prières du Saint-Esprit.*

A Pierre Thierry, doreur sur cuir à Paris, la somme de deux cens trente-huict livres dix solz, à luy ordonnée pour la couverture de six livretz de prières du Saint-Esprit de maroquin bleu, de pièces de rapport, dorées et enjollivées de moresques et autres façons et pour IIII°° X autres livres aussy couvertz de maroquin bleu doré, avec des filletz d'or et des Saints-Espritz aux quatre coings, comme appert par l'ordonnance de Sa Majesté et la quictance du (sic) Thierry, passée par devant nottaires, le vingt-cinquieme jour de may M VI° trente-trois.

Cy   II° XXX VIII livres X sols.

(Douzième compte de Thomas Morant, grand trésorier des ordres du Roi ; dépenses faites pour la cérémonie de l'ordre du Saint-Esprit du 15 mai 1633. — Bibl. Nat., Ms. Cl. 1247, fol. 150 r° et v°. — Voir aussi un extrait, collection Dangeau. — Bibl. Nat., Ms. fr. 22721, fol. 193 r°).

GILLES BOULLINGUES

1654

17. — *Livres d'heures du Saint-Esprit.*

A Gilles Boullingues, libraire et relieur de livres à
Paris, la somme de vingt-une livres pour avoir par luy
fourny et livré deux paires d'heures du Saint-Esprit,
reliées en maroquin, pour estre mis ès mains de Sa
Majesté le lendemain de son sacre en prenant l'habit de
l'ordre, comme appert par la quittance dudit Boullingues
et l'ordonnance de Sa Majesté du troizième juin, le tout
rapporté.

Cy   XXI livres.

(Deuxième compte de Michel Le Tellier, grand trésorier des
   ordres du Roi; dépenses faites pour la cérémonie de
   l'ordre du Saint-Esprit du 8 juin 1654. — Bibl. Nat., Ms.
   Cl. 1248, fol. 138 r° et v°).

XVIII° SIÈCLE

De nombreux exemplaires des statuts de l'ordre du
Saint-Esprit, reliés en maroquin bleu ou rouge et en
veau, sont conservés à la Bibliothèque Nationale (Ll 14,
n° 39). Ces statuts, in-quarto, imprimés en 1703 et
réimprimés en 1724, ont tous leur reliure décorée des
mêmes fers. Sur les plats se trouve, au milieu, l'écusson
aux armes royales entouré des colliers des ordres de
Saint-Michel et du Saint-Esprit ; aux coins, la colombe
du Saint-Esprit dans un entourage de rinceaux. Le dos
est semé de flammes et de fleurs de lis.

Nous donnons la reproduction des dessins exécutés
pour les fers des reliures. Il existe deux séries de ces
dessins, les uns sont à la sanguine (Bibl. Nat., Ms.

Cl. 1174, fol. 10 r° et 11 r°), et les autres sont lavés à l'encre (Bibl. Nat., Ms. Cl. 1231, fol. 1 r° et 2 r°).

Plusieurs de ces dessins sont des projets qui ne furent pas admis ; ainsi, le modèle de l'écusson aux armes royales proposé fut modifié ; on supprima l'ovale ornementé entourant l'écusson, il fut remplacé par des rinceaux ; la couronne royale fut entourée de rayons ; le collier de l'ordre du Saint-Esprit subit quelques changements. « Il faut mettre des H au lieu des L », cette note manuscrite qui accompagne le dessin de l'écusson, indique que l'on fit remplacer l'initiale de Louis XIV dans le collier, par l'initiale d'Henri III, qui créa l'ordre du Saint-Esprit.

Le document publié sous le numéro 19 (1704) nous apprend que Rousselet avait gravé les fers servant à « dorer les couvertures des livres de statuts et de prières » des ordres du Saint-Esprit et de Saint-Michel. Il s'agit sans aucun doute des fers dont nous donnons les dessins ; dessins dont il est probablement l'auteur.

Les statuts de l'ordre de Saint-Michel (Impr. royale, 1725, in-quarto), dont un exemplaire relié en maroquin rouge se trouve à la Bibliothèque Nationale (Ll. 13, n° 7), ne sont décorés sur les plats que de l'écusson aux armes royales, le même que pour les statuts de l'ordre du Saint-Esprit. Il n'y a rien aux angles et les ornements du dos ne présentent aucun intérêt.

La reliure des livres de prières de l'ordre du Saint-Esprit n'est également décorée que de l'écusson aux armes royales.

Nous n'avons cité que comme exemples les volumes reliés conservés à la Bibliothèque Nationale. Il en existe dans plusieurs collections publiques et privées et il n'est pas rare d'en rencontrer dans le commerce.

Fers pour les statuts et les livres de prières de l'ordre du Saint-Esprit — Projets.
Dessins à la sanguine (Bibl. Nat., ms. Cl. 1176, f° 10 r).

LOUIS-JOSEPH DUBOIS

1704-1728.

1704

18. — *L.-J. Dubois, statuts et livres de prières de Saint-Michel et du Saint-Esprit.*

Fait aussi despense, ledit sieur Colbert de Chabanois, audit nom, de la somme de mil soixante-dix livres payée au sieur Dubois, pour avoir relié les livres de statuts et de prières desdits ordres (du Saint-Esprit et de Saint-Michel), suivant son mémoire, ordonnance de mondit sieur marquis de Torcy estant ensuite, du 21ᵉ novembre 1704, et quittance dudit sieur Dubois, cy raportée.
Cy, MLXX livres.

(Compte de la Grande Trésorerie des ordres pour 1704. — Bibl. Nat., Ms. Cl. 1254, fol. 133 rᵒ et vᵒ).

1704

19. — *Rousselet, fers pour les reliures des statuts et des livres de prières de Saint-Michel et du Saint-Esprit.*

Fait aussi despense ledit sieur Colbert de Chabanois, audit nom, de la somme de cent soixante livres payée au sieur Rousselet, graveur, pour avoir gravé les ferremens qui ont servy à dorer les couvertures des livres de statuts et de prières desdits ordres, suivant son mémoire modéré à ladite somme, ordonnance de mondit sieur le marquis de Torcy, estant ensuite et quittance dudit Rousselet, au pied d'icelle, cy rapportée.
Cy, CLX livres.

(Compte de la Grande Trésorerie des ordres du Roi pour 1704. — Bibl. Nat., Ms. Cl. 1254, fol. 132 vᵒ).

1

2

3

4

Fers pour les statuts et les livres de prières de l'ordre du Saint-Esprit. —
Dessins adoptés (nos 3 et 4). — Originaux, sanguines (Bibl. Nat., ms. Cl.
1171, P II e).

1705

20. — *L.-J. Dubois, statuts et livres de prières de Saint-Michel et du Saint-Esprit.*

Fait dépense ledit sieur comptable, de la somme de cinq cent quarante-sept livres payée au sieur Dubois, pour avoir relié des livres de statuts et prières desdits ordres, suivant l'ordonnance de Monsieur le marquis de Torcy, du 26 may 1705 et quittance dudit sieur Dubois, cy rapportées.

Cy, v^c XLVII livres.

(Compte de la Grande Trésorerie des ordres du Roi pour 1705. — Bibl. Nat., Ms. Cl. 1254, fol. 153 v°).

1706

21. — *L.-J. Dubois, statuts, livres de prières et inventaires des recueils de Saint-Michel et du Saint-Esprit.*

Fait encore dépense ledit sieur Chamillart, de la somme de cent quarante-quatre livres, qui a été payée au sieur Dubois, pour avoir relié des livres de statuts, prières et inventaires de recueils desdits ordres, suivant deux ordonnances, l'une de Monsieur le marquis de Torcy, du vingt-deux avril 1706 et l'autre dudit sieur Chamillart du vingt décembre de la mesme année et quittance dudit Dubois cy rapportées.

Cy, CXLIIII livres.

(Compte de la Grande Trésorerie des ordres du Roi pour 1706. — Bibl. Nat., Ms. Cl. 1254, fol. 192 v° et 193 r°).

1708

22. — *L.-J. Dubois, statuts du Saint-Esprit et livres de prières de Saint-Michel et du Saint-Esprit.*

Fait pareillement dépense ledit sieur Chamillart, de la somme de deux cent quarante-quatre livres dix sols

payée au sieur Dubois, pour avoir relié seize exemplaires
des statuts de l'ordre (du Saint-Esprit) et dix-huit livres
de prières desdits ordres, tant en maroquin que veau
fauve, suivant l'ordonnance de mondit sieur Chamillart du six avril 1708, cy raportée avec quittance dudit
Dubois.

Cy,   IIᶜxliiii livres x sols.

(Compte de la Grande Trésorerie des ordres du Roi pour
    1707. — Bibl. Nat., Ms. Cl. 1254, fol. 210 rᵒ).

1709

23. — *L.-J. Dubois, statuts du Saint-Esprit et livres de prières de Saint-Michel et du Saint-Esprit.*

Fait aussy dépense ledit sieur Chamillart, de la somme
de cent quatre-vingt-treize livres payée au sieur Dubois,
pour avoir relié quinze exemplaires des statuts de l'ordre
du Saint-Esprit et vingt-trois livres de prières desdits
ordres, le tout en maroquin rouge, suivant l'ordonnance
de Monsieur le marquis de Torcy du xxv novembre 1709,
cy rapportée avec quittance dudit Dubois.

Cy,   c iiiᶦˣˣ xiii livres.

(Compte de la Grande Trésorerie des ordres du Roi pour
    1709. — Bibl. Nat., Ms. Cl. 1255, fol. 26 rᵒ et vᵒ).

1711

24. — *L.-J. Dubois, statuts et livres de prières du Saint-Esprit.*

Fait encore dépense ledit sieur Chamillart, de la
somme de cent deux livres dix sols, payée au nommé
Dubois, relieur, pour avoir relié en maroquin incarnat
neuf exemplaires des statuts de l'ordre du Saint-Esprit
et cinq petits livres de prières à l'usage dudit ordre, sui-

vant le mandement du xxvi juin 1711, cy raporté avec
quittance dudit Dubois du quatre juillet audit an.

Cy, cii livres x sols.

(Compte de la Grande Trésorerie des ordres du Roi pour
1711. — Bibl. Nat., Ms. Cl. 1255, fol. 57 rº).

1712

25. — *L.-J. Dubois, statuts, livres de prières et catalogues du Saint-Esprit.*

Fait aussy dépense ledit sieur Chamillart, de la somme
de cent quatre-vingt-neuf livres payée au nommé
Dubois, relieur, pour avoir relié en maroquin rouge et
veau fauve dix exemplaires des statuts de l'ordre du
Saint-Esprit, dix petits livres de prières et six catalogues
de Messieurs les chevaliers dudit ordre, suivant le mandement de Monsieur le marquis de Torcy du xxix may
1712, cy raporté avec quittance dudit Dubois du dix juin
suivant.

Cy, c iiiixx ix livres.

(Compte de la Grande Trésorerie des ordres du Roi pour
1712. — Bibl. Nat., Ms. Cl. 1255, fol. 73 vº et 74 rº).

1713

26. — *L.-J. Dubois, statuts et livres de prières du Saint-Esprit.*

Mémoire des livres des statuts et livres de prières à
l'usage des chevaliers du Saint-Esprit, livrez par Dubois
le 13e may 1713, par ordre de Monseigneur le marquis
de Torcy, ministre et secrétaire d'Estat et chancellier des
ordres du Roy.

Dix livres de statuts et règlemens dudit ordre, reliez en
maroquin incarnat, doublez de papier doré en dedans, les

armes du Roy dans le milieu sur le plat, et dans les quatre
coins un Saint-Esprit en or, à raison de neuf livres chaque
volume.   90 livres.

Dix livres de prières à l'usage desdits seigneurs chevaliers,
reliez en maroquin rouge, et sur le plat dans le milieu, la
croix de l'ordre, doublé de papier doré, à raison de cinquante sols chaque volume.   25 livres.
                                                         ____
                                                             115 livres.

(*A la suite.*) Nous, Jean-Baptiste Colbert, marquis de
Torcy, Croissy, Sablé, Boisdauphin et autres lieux, conseiller du Roy en tous ses Conseils, ministre et secrétaire
d'Estat, commandeur et chancellier de ses ordres, avons
arresté le présent mémoire à la somme de cent quinze
livres, que M. Chuppin, trésorier du Marc d'Or, prendra,
s'il luy plaist, la peine de payer au sieur Dubois, dont
M. Chamillart, grand trésorier desdits ordres, luy tiendra compte sur les deniers du Marc d'Or, de l'exercice
dudit sieur Chuppin.

Fait à Versailles, le cinquième juin mil sept cens treize.

(*Signé*) : DE TORCY.

(Original. — Bibl. Nat., Ms. Cl. 1255, fol. 210 rº et vº).

1713

27. — *L.-J. Dubois, statuts et livres de prières du Saint-Esprit.*

J'ai reçu de Monsieur Chuppin, conseiller du Roy,
trésorier général du Marc d'Or, la somme de cent quinze
livres contenue en l'ordonnance de Monseigneur le marquis de Torcy du 5ᵉ du présent mois, pour les exemplaires de statuts et de livres de prières (du Saint-Esprit
mentionnez dans le mémoire de l'autre part, dont je
quitte Mondit sieur Chuppin et tous autres.

A Paris, ce seize juin mil sept cent treize.

(*Signé*) : DUBOIS.

(Original. — Bibl. Nat., Ms. Cl. 1255, fol. 211 r° — La men-
tion de cette dépense se trouve dans le Compte de la
Grande Trésorerie des ordres du Roi pour 1713, même
Ms., fol. 115 r° et v°).

1714

28. — *L.-J. Dubois, statuts et livres de prières*
du Saint-Esprit.

Mémoire des livres des statuts de l'ordre du Saint-Esprit
et livres de prières des chevaliers dudit ordre, reliez par
Dubois, en exécution des ordres de Monseigneur le marquis de Torcy, chancellier, livrez le premier avril 1714.

Sept statuts dudit ordre, reliez en maroquin rouge, les
armes du Roy dans le milieu sur le plat, orné d'un Saint-
Esprit dans les coins, à raison de neuf livres chaque volume. Cy,   63 livres.
   Cinq autres reliez en veau fauve, avec les mêmes ornemens
sur le plat, à raison de six livres chacun. Cy,   30 livres.
   Dix-huit livres de prières à l'usage desdits seigneurs chevaliers, reliez en maroquin rouge, à raison de cinquante sols
chacun.   45 livres.

Total :   138 livres.

(*A la suite.*) Nous, Jean-Baptiste Colbert, marquis de
Torcy, Croissy, Sablé, Boisdauphin et autres lieux,
conseiller du Roy en tous ses Conseils, ministre et secrétaire d'Estat, commandeur et chancellier de ses ordres,
avons arresté le présent mémoire à la somme de cent
trente-huit livres, que M. de Champigny, trésorier du
Marc d'Or, prendra, s'il luy plaist, la peine de payer au
sieur Dubois, dont M. Chauvelin, grand trésorier desdits
ordres, luy tiendra compte sur les deniers du Marc d'Or
de l'exercice dudit sieur de Champigny.

Fait à Marly, le cinquième juin mil sept cens
quatorze.

(*Signé*) : DE TORCY.

Reçu le contenu cy-dessus.

Fait à Paris, le 23 juin 1714.

(*Signé*) : DUBOIS.

(Original. — Bibl. Nat., Ms. Cl. 1256, fol. 142 rᵒ et vᵒ. — La mention de cette dépense se trouve dans le Compte de la Grande Trésorerie des ordres du Roi pour 1714, même Ms., fol. 11 rᵒ).

1715

29. — *L.-J. Dubois, statuts, livres de prières et catalogue du Saint-Esprit.*

Mémoire des statuts et livres de prières à l'usage des chevaliers de l'ordre du Saint-Esprit que Dubois a reliés.

Catalogue des chevaliers du Saint-Esprit in-folio, relié en maroquin rouge   15 livres.

Douze statuts dudit ordre, reliés de même, in-quarto, à raison de neuf livres chacun.   108 livres.

Douze livres de prières à l'usage desdits chevaliers, à raison de deux livres dix sols chacun.   30 livres.

____

153 livres.

(*A la suite.*) Nous, Jean-Baptiste Colbert, marquis de Torcy, Croissy, Sablé, Boisdauphin et autres lieux, conseiller du Roy en ses Conseils, ministre et secrétaire d'Estat, commandeur et chancelier de ses ordres, avons arresté le présent mémoire à la somme de cent cinquante-trois livres, que M. Chauvelin, commandeur et grand trésorier desdits ordres, prendra, s'il luy plaist, la peine de faire payer au sieur Dubois, sur les deniers du Marc d'Or.

Fait à Versailles, le 25ᵉ mars 1715.

(*Signé*) : DE TORCY.

M. Chuppin, trésorier général du Marc d'Or des ordres du Roy, payera au sieur Dubois les cent cinquante-trois livres contenues au mémoire de l'autre part. Je luy en tiendray compte en me raportant le présent quittance.

Fait à Paris, ce six may mil sept cens quinze.

(Signé) : CHAUVELIN.

Receu de Monsieur Chuppin, trésorier général du Marc d'Or, la somme de cent cinquante-trois livres contenue ès mandement et ordonnance cy-dessus, dont je le quitte et tous autres.

A Paris, ce dixième jour de may mil sept cent quinze.

(Signé) : DUBOIS.

(Original. — Bibl. Nat., Ms. Cl. 1256, fol. 332 r° et v°. — La mention de cette dépense se trouve dans le Compte de la Grande Trésorerie des ordres du Roi pour 1715, même Ms., fol. 192 r°).

1715

30. — L.-J. Dubois, statuts du Saint-Esprit.

Mémoire des livres des statuts de l'ordre du Saint-Esprit que le sieur Dubois a relié, par ordre de Monseigneur le marquis de Torcy.

Six statuts de l'ordre du Saint-Esprit in-4°, relié en veau fauve, lavé et réglé, doré sur tranche, les armes du Roy et coins de l'ordre sur le plat desdits livres, à raison de cent dix sols chacun.   33 livres.

(A la suite.) Nous, Jean-Baptiste Colbert, chevalier, marquis de Torcy, Croissé, Sablé, Boisdauphin et autres lieux, conseiller du Roy en tous ses Conseils, commandeur, chancellier et garde des seaux des ordres de Sa Majesté et grand-maître et surintendant général des Postes, Couriers et Relais de France, avons arresté le présent mémoire à la somme de trente-trois livres, que

le sieur Chuppin, trésorier général du Marc d'Or desdits
ordres, prendra, s'il luy plaist, la peine de payer, et
dont il luy sera tenu compte par Monsieur le grand trésorier desdits ordres sur les deniers du Marc d'Or, de
l'exercice dudit sieur Chuppin de la présente année.

Fait à Paris, le 4ᵉ octobre 1715.

(*Signé*) : DE TORCY.

Receu le contenu en l'ordonnance de l'autre part.

A Paris, ce sixième jour de novembre M VIIᶜ quinze.

(*Signé*) : DUBOIS.

(Original. — Bibl. Nat., Ms. Cl. 1256, fol. 330 rº et vº. — La
mention de cette dépense se trouve dans le Compte de la
Grande Trésorerie des ordres du Roi pour 1715, même
Ms., fol. 192 vº).

1715-1716

31. — *L.-J. Dubois, catalogues du Saint-Esprit.*

Mémoire pour la relieure de deux catalogues des chevaliers de l'ordre du Saint-Esprit in-folio, que Dubois a
relié en maroquin rouge, orné sur le plat des armes du
Roy, le Saint-Esprit aux 4 coins, par ordre de Monseigneur de Torcy, chancelier dudit ordre.   30 livres.

Livré ces deux livres le 24 décembre 1715.

(*A la suite.*) Je certifie à Monseigneur le chancelier
que le sieur Dubois a relié les deux exemplaire cy-dessus, dont l'un a esté présenté à S. A. R. Monseigneur le
duc d'Orléans et l'autre à M. le Maréchal d'Estrées.

A Paris, ce 14 janvier 1716.

(*Signé*) : CLAIRAMBAULT.

Je prie Monsieur Crozat, grand trésorier et commandeur des ordres du Roy, de payer à Dubois, relieur, la

somme de trente livres mentionnée cy-dessus et d'en tirer quittance.

Fait à Paris, le 31e janvier mil sept cens seize.

(*Signé*) : DE TORCY.

J'ay receu le contenu de l'autre part pour la somme de trente livres, par les mains de Monsieur de Champigny, dont je quitte mondit sieur.

Fait ce 10 février 1716.

(*Signé*) : DUBOIS.

(Original. — Bibl. Nat., Ms. Cl. 1257, fol. 125 r° et 126 r°. — La mention de cette dépense se trouve dans le Compte de la Grande Trésorerie des ordres du Roi pour 1716, même Ms., fol. 14 r°.)

1717

32. — *L.-J. Dubois, registre pour les ordres de Saint-Michel et du Saint-Esprit.*

Je soussigné, commandeur et secrétaire des ordres du Roy, certifie que Monsieur Dubois, relieur ordinaire du Roy, m'a fourny ce jour d'huy un registre in-folio, couvert de maroquin rouge, avec les ornemens de l'ordre pour la dorure sur laditte couverture, pour servir à enregistrer ce qui concerne les ordres du Roy, dont le prix pour le papier, la reliure est (*sic*) les façons est de vingt-trois livres. En foy de quoy, je luy ay signé le présent certificat.

A Paris, le huitième septembre mil sept cent dix-sept.

(*Signé*) : DE MONTARGIS.

(*A la suite.*) Je prie Monsieur Crosat, comandeur et grand trésorier des ordres du Roy, de faire payer par les trésoriers desdits ordres, au sieur Dubois la somme marquée cy-dessus.

(*Signé*) : L'ABBÉ DE POMPONNE.

Je prie Monsieur Chuppin de payer les vingt-trois livres contenues en l'ordonnance cy-dessus et d'en retirer quittance, que je vous passeray en compte sur les despanses de l'ordre.

A Paris, ce 26 novembre 1717.

(Signé) : CROZAT.

Reçu de Monsieur Chuppin, trésorier général du Marc d'Or, la somme de vingt-trois livres contenue aux mandements cy-dessus et de l'autre part, dont je quitte mondit sieur et tous autres.

A Paris, ce deux décembre M VII^c dix-sept.

(Signé) : DUBOIS.

(Original. — Bibl. Nat., Ms. Cl. 1257, fol. 259 r° et v°. — La mention de cette dépense se trouve dans le Compte de la Grande Trésorerie des ordres pour 1717, même Ms., fol. 152 r°.)

1719

33. — L.-J. Dubois, statuts et livres de prières
du Saint-Esprit.

Mémoire des livres des statuts et de prières de l'ordre du Saint-Esprit reliés par Dubois, en exécution des ordres de Monseigneur l'abbé de Pompone, chancelier, livrés à Monsieur de Clerembault, généalogiste dudit ordre, le 14 octobre 1719.

à 9 livres 15 sols pièce, c'est 205 livres.

21 exemplaires des statuts in-4°, reliés en maroquin rouge, les armes du Roy dans le milieu, et aux quatre coins un Saint-Esprit dans un cartouche, et sur le dos, parsemé de fleurs-de-lis et flames, à raison de dix livres chacun, 210 livres.

5 livres 15 sols.

Un autre idem, relié en veau fauve, doré sur tranche, et sur le plat les mêmes ornemens que sur les maroquins, à raison de six livres dix sols, 6 livres, 10 sols.

19 prières en maroquin rouge, doublé de papier doré, et sur le plat, dans le milieu, la croix du Saint-Esprit, le dos parsemé de fleurs-de-lis et flames, à raison de trois livres chaque volume,   57 livres. *(52 livres 5 sols.)*

2 autres idem, en veau fauve, doré sur tranche, sur le plat et sur le dos, comme celles cy-dessus, à raison de trente sols chacune,   3 livres. *(3 livres.)*

____

276 livres, 10 sols.

(*A la suite.*) Arresté par ordre de Monsieur le chancelier des ordres à deux cens soixante et six livres.

Ce 24 novembre 1719.

(*Signé*) : CL.

Je certifie à Monsieur le chancelier des ordres que les livres mentionnez au présent mémoire ont esté livrez par le sieur Dubois.

A Paris, le 27 octobre 1719.

(*Signé*) : CLAIRAMBAULT.

Je prie Monsieur Crozat, grand trésorier des ordres, de faire payer au sieur Dubois la somme de deux cens soixante et six livres mentionnez cy-dessus.

Fait à Paris, le 24 novembre mil sept cent dix-neuf.

(*Signé*) : L'ABBÉ DE POMPONNE.

J'ai reçu de Monsieur Chuppin, trésorier général du Marc d'Or, la somme de deux cent soixante-six livres, contenue au mandement de Monsieur l'abbé de Pomponne, chancelier des ordres du Roy, estant en suitte du mémoire de l'autre part, dont je quitte.

A Paris, ce vingt-huitième novembre mil sept cent dix-neuf.

(*Signé*) : DUBOIS.

(Original. — Bibl. Nat., Ms. Cl. 1258, fol. 201 r° et v°. — La mention de cette dépense se trouve dans le Compte de

la Grande Trésorerie des ordres du Roi pour 1719, même
Ms., fol. 12 rᵒ et vᵒ).

1722

34. — *L.-J. Dubois, statuts et livres de prières du Saint-Esprit.*

Mémoire des livres de statuts de l'ordre du Saint-Esprit
et livres de prières à l'usage des chevaliers dudit ordre,
reliés par Dubois, en exécution des ordres de Monseigneur l'abbé de Pomponne, chancelier, livrés le 5 mai
1722.

15 statuts de l'Ordre, in-4ᵒ, reliés en maroquin rouge, les
armes du Roy dans le milieu sur le plat, et le cartouche du
Saint-Esprit dans les quatre coins de chacun, le dos parsemé
de fleurs de lis et de flames, à raison de douze livres
chacun,   180 livres.

Plus, 12 livres de prières, reliés en maroquin rouge, la
croix du Saint-Esprit dans le milieu sur le plat, le dos parsemé de fleurs de lis et flames, à raison de trois *(sic)* livres
chacune,   45 livres.
                                             ____
                                                   225 livres.

Arresté par ordre de Monsieur le chancelier à deux
cens dix livres, ce 17 mai 1722.

(*Signé*) : CLAIRAMBAULT.

(*A la suite.*) Je prie Monsieur Crozat, commandeur et
grand trésorier des ordres du Roy, de paier au sieur
Dubois, relieur, deux cent dix livres contenus dans le
mémoire cy-dessus.

A Paris, le 17 mai 1722.

(*Signé*) : L'ABBÉ DE POMPONNE.

J'ai receu de Monsieur Crozat la somme de deux
cent dix livres, dont je quitte mondit seigneur.

A Paris, ce 20 mai 1722.

(*Signé*) : DUBOIS.

(Original. — Bibl. Nat., Ms. Cl. 1259, fol. 305. — La mention
de cette dépense se trouve dans le Compte de la Grande
Trésorerie des ordres du Roi pour 1722, même Ms.,
fol. 15 rᵒ).

1722

**35. — *L.-J. Dubois, registre pour l'ordre du Saint-Esprit
et arrêts concernant le Marc d'Or.***

Mémoire des livres que Dubois a relié pour l'ordre du
Saint-Esprit, par ordre de Monsieur de Montargis.

Un registre de quatre mains de papier blanc, in-folio, relié
en maroquin rouge, les armes du Roy dans le milieu sur le
plat, et aux quatre coins le cartouche du Saint-Esprit,
parsemé sur le plat et sur le dos de fleurs de lis et flames ;
fourny le papier blanc, 30 livres.

Trente arrests qui concerne le Marc d'Or, brochés de
papier marbré, à raison de cinq sols chacun, 7 livres 10 sols.

Cinq autres dorés sur tranche, à raison de dix sols
chacun, 2 livres 10 sols.

40 livres.

(Original. — Bibl. Nat., Ms. Cl. 1259, fol. 307 rᵒ. — La men-
tion de cette dépense se trouve dans le Compte de la
Grande Trésorerie des ordres du Roi pour 1722, même
Ms., fol. 15 vᵒ).

1722

**36. — *L.-J. Dubois, registres pour l'ordre du Saint-Esprit
et édits concernant ledit ordre.***

Nous, soussigné, conseiller d'État, commandeur et
secrétaire des ordres du Roy, certiffions que M. Dubois,
relieure (*sic*) ordinaire du Roy, a fait un grand registre
in-folio, couvert de maroquin, avec les armes du Roy
dans le milieu, les cartouches du Saint-Esprit dans les
coins, parsemé de fleurz de lys et de flames, pour servir
aux enregistremens de ce qui concerne les ordres du Roy.

Nous certiffions de plus, qu'il a relié trente-cinq édits du Roy concernant l'ordre du Saint-Esprit, dont trente en papier marbré et cinq dorez sur tranche, pour estre distribuez à Messieurs les princes, cardinaux, prélats, commandeurs, chevaliers et officiers commandeurs des ordres du Roy.

En foy de quoy, nous avons signé le présent, à Paris, le cinquième may mil sept cent vingt-deux.

Pour certificat.

(Signé) : DE MONTARGIS.

(A la suite). J'ay receu de Monsieur Crozat quarante livres pour le contenu de l'autre part, dont je quitte mondit seigneur.

Fait à Paris, ce 3 may 1722.

(Signé) : DUBOIS.

(Original. — Bibl. Nat., Ms. Cl. 1259, fol. 308 r° et v°).

1723-24

37. — L.-J. Dubois, statuts et livres de prières du Saint-Esprit.

Mémoires des livres des statuts de l'ordre du Saint-Esprit et livres de prières à l'usage des chevaliers dudit ordre reliés par Dubois, en exécution des ordres de Monseigneur l'abbé de Pompone, chevalier.

Du 10 avril 1723.

15 livres.	Deux exemplaires des statuts in-4°, reliés en veau fauve, dorés sur tranche, lavés et réglés, et sur le plat les armes du Roy dans le milieu et un Saint-Esprit aux quatre coins, à raison de sept livres dix sols chaque volume, 15 livres.

Du 14 mai 1724.

Douze à 11 livres pièce, comme en 1722, 132 livres.	12 autres exemplaires des statuts reliés en maroquin rouge, lavés et réglés, dorés sur tranche, les armes du Roy et le Saint-Esprit aux quatre coins sur le plat, à raison de douze livres chaque exemplaire. 144 livres.

<table>
<tr><td>à 3 livres 10 sols.</td><td rowspan="5">12 livres de prières in-12, à l'usage desdits seigneurs chevaliers, reliés en maroquin rouge, lavés et réglés, la croix de chevalier du Saint-Esprit dans le milieu, à raison de quatre livres chaque exemplaire,</td><td></td></tr>
<tr><td>42 livres.</td><td>48 livres.</td></tr>
<tr><td></td><td></td></tr>
<tr><td></td><td></td></tr>
<tr><td></td><td>207 livres.</td></tr>
</table>

Pour avoir repoli plusieurs statuts de l'ordre et livres de prières,   4 livres 10 sols.

4 livres 10 sols.   Et fait redorer 2 statuts en maroquin bleu, dont le plat estoit mie-partie mangé de

2 livres 10 sols.   ver,   2 livres 10 sols.

6 livres.   Pour la boeste garnie partout de papier doré, pour porter à Versailles les livres des statuts et prières et les chapelets pour estre distribuez aux chevaliers et commandeurs à leur réception,   6 livres.

202 livres.   Total arresté le 31 may 1724,   196 livres.

Total   202 livres.

(*A la suite.*) Je prie Monsieur Dodun, commandeur et grand trésorier des ordres du Roy, de faire payer au sieur Dubois, relieur, la somme de deux cens deux livres contenus au mémoire cy-dessus.

A Paris, le premier juin mil sept cent vingt-quatre.

(*Signé*) : L'Abbé de Pomponne.

Je prie Monsieur de Champigny, thrésorier du Marc d'Or, de payer au sieur Dubois la somme de deux cent deux livres, pour le contenu au mémoire cy-dessus et de l'autre part, dont il luy sera tenu compte en rapportant le présent avec la quittance dudit sieur Dubois.

Fait à Paris, ce sept septembre mil sept cent vingt-quatre.

(*Signé*) : Dodun.

Receu le contenu cy-dessus.

A Paris, le 12 septembre 1724.

(*Signé*) : Dubois.

(Original — Bibl. Nat., Ms. Cl. 1260, fol. 180 r° et v°. — La
mention de cette dépense se trouve dans le Compte de
la Grande Trésorerie des ordres du Roi pour 1724, même
Ms., fol. 27 v°).

1725-26

38. — *L.-J. Dubois, statuts du Saint-Esprit et de Saint-
Michel et livres de prières du Saint-Esprit.*

Mémoires des livres que Dubois a reliés pour le Roy,
par ordre de Monseigneur l'abé de Pomponne, chancelier
des ordres du Saint-Esprit et de Saint-Michel, depuis le
20 may 1725 jusqu'au 17 mars 1726.

à 10 livres 10 sols pièce.	Huit statuts de l'ordre du Saint-Esprit, in-4°, reliez en maroquin rouge, doublez de papier marbré, 84 livres.
à 8 livres pièce.	Deux autres en veau fauve, avec les mêmes ornemens de dorure sur le plat, 16 livres.
à 3 livres pièce.	Vingt livres de prières in-12, reliez en maroquin rouge. 60 livres.
	160 livres.

Il a déjà été expédié un ordre pour le payement de ces
cent soixante livres le 4 may 1725, que le sieur Dubois
dit avoir été perdu ; ainsy ce 1er ordre et celuy-cy ne
serviront que d'une seule et même chose et ne sera
payé qu'une fois.

(*Au-dessous :*) Bon.

Du 27 décembre 1725.

15 livres.	Un exemplaire des statuts de l'ordre de Saint-Michel in-4°, relié en maroquin bleu, une grande dentelle d'or sur le plat et les armes du Roy dans le milieu, 18 livres.
à 12 livres pièce, 60 livres.	Cinq autres exemplaires desdits statuts, reliez en maroquin rouge de Levant, 3 filets d'or sur le plat, les armes du Roy dans le milieu, 62 livres 10 sols.

à 8 livres pièce,
54 livres.

Sept autres reliez en veau fauve avec la même dorure, 57 livres 10 sols.

Le 17 février 1726.

52 livres.

Six autres exemplaires des statuts de l'ordre de Saint-Michel, reliez en maroquin rouge de Levant, trois filets d'or sur le plat et les armes du Roy dans le milieu, 75 livres.

16 livres (pièce),
76 livres.

Douze autres en veau fauve, dorez de même, 102 livres.

Le 29 février 1726.

16 livres (pièce),
152 livres.

19 autres exemplaires des statuts de l'ordre de Saint-Michel, reliez en veau fauve, avec la même dorure, 161 livres 10 sols.

609 livres.   636 livres 10 sols.

Le 17 mars 1726.

96 livres.

Douze autres exemplaires desdits statuts de l'ordre de Saint-Michel, reliez en veau fauve, dorez de même, 102 livres.

30 livres.

Deux autres exemplaires desdits statuts, reliez en maroquin bleu de Levant, trois filets d'or sur le plat, les armes du Roy dans le milieu ; ces deux exemplaires sont de vélin, 32 livres.

5 livres.

Pour six voyages de crocheteurs qui ont porté et raporté lesdits livres, 6 livres.

Total : 740 livres   776 livres 10 sols.

(*A la suite.*) Je prie Monsieur Dodun, commandeur et grand trésorier des ordres du Roy, de faire payer par le sieur Gueffier, trésorier en exercice de la présente année, au sieur Dubois, relieur, la somme de sept cens quarante livres contenue au mémoire cy-dessus, laquelle somme sera portée et alouée dans les Comptes de la Grande Trésorerie.

A Paris, ce trente-un mars mil sept cens vingt-six.

    (*Signé*) : L'Abbé de Pomponne.

Je prie Monsieur Gueffier, trésorier du Marc d'Or en exercice, de payer au sieur Dubois, relieur, la somme de sept cent quarante livres pour le contenu au mémoire cy-dessus, de laquelle il luy sera tenu compte en rapportant le présent avec la quittance dudit sieur Dubois sur ce suffisante.

Fait à Versailles, ce vingt du mois d'avril mil sept cent vingt-six.

(Signé) : DODUN.

J'ay receu de Monsieur Gueffier, trésorier général du Marc d'Or, la somme de sept cent quarante livres contenu au présent mémoire, dont je le quitte.

A Paris, ce 23 avril 1726.

(Signé) : DUBOIS.

(Original. — Bibl. Nat., Ms. Cl. 1261, fol. 309 r° et v°. — La mention de cette dépense se trouve dans le Compte de la Grande Trésorerie des ordres du Roi pour 1726, même Ms., fol. 184 v°. — Une copie de ce document, à l'exception des deux dernier paragraphes, se trouve dans le Ms. Cl. 1212, fol. 278 r° et v°).

1726

39. — L.-J. Dubois, statuts du Saint-Esprit
et de Saint-Michel.

Mémoire des livres que Dubois a relié pour le Roy, par ordre de Monseigneur l'abbé de Pomponne, chancelier des ordres du Roy, depuis le 6 avril 1726 jusques au 12 may 1726.

à 8 livres pièce, font 96 livres.	12 statuts de l'ordre de Saint-Michel in-4°, grand papier, reliés en veau fauve, dorés sur tranche, trois filets d'or sur le plat, les armes du Roy dans le milieu, 96 livres.
2 livres 10 sols.	2 autres statuts du St-Michel, relié en carton, couverts de papier marbré, 2 livres 10 sols.

<table>
<tr><td>à 8 livres pièce,
font 16 livres.</td><td>Deux statuts de l'ordre de Saint-Esprit in-4°, grand papier, reliés en veau fauve, dorés sur le plat, avec les armes du Roy et les flammes, 16 livres.
Pour le port du crocheteur, 1 livre.</td></tr>
<tr><td>115 livres 10 sols.</td><td align="right">115 livres 10 sols.</td></tr>
</table>

(*A la suite*.) 8 juin 1726. Je prie Monsieur Dodun, commandeur et grand trésorier des ordres du Roy, de faire payer par M. Gueffier, trésorier du Marc d'Or en exercice, au sieur Dubois, relieur, la somme de cent quinze livres dix sols contenue au mémoire cy-dessus, laquelle sera passée et alouée dans les Comptes de la Grande Trésorerie, en raportant le présent et la quittance dudit Dubois.

Fait à Paris, le huit juin mil sept cent vingt-six.

(Signé) : L'ABBÉ DE POMPONNE.

Bon.

27 juin 1726.

Receu le contenu au présent mémoire, montant à la somme de cent quinze livres.

A Paris, ce 19 juillet 1726.

(Signé) : DUBOIS.

(Original. — Bibl. Nat., Ms. Cl. 1261, fol. 311 r°. — La mention de cette dépense se trouve dans le Compte de la Grande Trésorerie des ordres du Roi pour 1726, même Ms., fol. 184 v° et 185 r°. — Une copie de ce document, à l'exception du reçu de L.-J. Dubois, se trouve dans le Ms. Cl. 1212, fol. 278 v°).

1726

40. — L.-J. Dubois, statuts de Saint-Michel.

8 juin 1726.

La distribution des statuts de l'ordre de Saint-Michel suivant l'état cy-joint, se monte à

    16 en maroquin.
    58 en veau fauve.

Total : 74

Il en a esté relié

    14 en maroquin.
    62 en veau.

Total : 76, dont il reste à payer 115 livres 10 sols, suivant le mémoire du sieur Dubois cy-joint, au bas duquel Monsieur le chancelier aura la bonté de signer son ordre. Comme il manque encore deux statuts de maroquin pour remplir la distribution qu'il a ordonné, j'en feray, sous son bon plaisir, relier trois (il n'y en a que 2 en maroquin) et sept en veau, pour en avoir tousjours quelqu'un de prest, afin d'estre en estat de satisfaire à ses ordres.

Bon.

(Signé) : L'Abbé de Pomponne.

(Original. — Bibl. Nat., Ms. Cl. 1212, fol. 287 r°).

1726

41. — *L.-J. Dubois, statuts de Saint-Michel.*

Mémoire des livres que Dubois à relié, par ordre de Monseigneur l'abé de Pomponne, chancelier et commandeur des ordres du Roy, livrez le 24 aoust 1726.

à 12 livres pièce. comme les précédens.	Deux statuts de l'ordre de Saint-Michel in-4°, reliés en maroquin rouge, trois filets d'or sur le plat, les armes du Roy dans le milieu sur le plat,	24 livres.
à 8 livres pièce.	Sept autres reliés en veau fauve, trois filets d'or sur le plat, les armes du Roy dans le milieu,	56 livres

Deux autres exemplaires couverts de papier marbré 2 livres

Arresté conformément au dernier mémoire, à quatre-vingt-deux livres.   82 livres

(*A la suite.*) Je prie Monsieur Dodun, commandeur et grand trésorier des ordres du Roy, de faire payer par M. Gueffier, trésorier du Marc d'Or en exercice, au sieur Dubois, relieur, la somme de quatre-vingt-deux livres contenue au présent mémoire, laquelle sera passée et allouée dans les Comptes de la Grande Trésorerie, en raportant le présent et la quittance dudit Dubois.

Fait à Paris, le 9 de septembre 1726.

Bon.

(*Signé*) : L'ABBÉ DE POMPONNE.

Receu le contenu de ce mémoire.

A Paris, ce 9 septembre 1726.

(*Signé* :) DUBOIS.

(Original. — Bibl. Nat., Ms. Cl. 1261, fol. 312 rᵒ. — Minute, Ms. Cl. 1212, fol. 280 rᵒ. — La mention de cette dépense se trouve dans le Compte de la Grande Trésorerie des ordres du Roi pour 1726, même Ms., fol. 185 rᵒ.)

1727

42. — *L.-J. Dubois, statuts de Saint-Michel.*

Mémoire des statuts de l'ordre de Saint-Michel que Dubois a relié, par ordre de Monseigneur l'abé de Pomponne, commandeur et chancelier des ordres, livrez le 15ᵉ de mars 1727.

à 8 livres pièce, comme les précédens.	Douze exemplaires desdits statuts reliés en veau fauve, dorés sur tranche, trois filets d'or sur le plat desdits livres, les armes du Roy dans le milieu, 96 livres.

(*A la suite.*) Je prie Monsieur Dodun, commandeur et grand trésorier des ordres du Roy, de faire payer par M. Chupin, trésorier du Marc d'Or en exercice, au sieur Dubois, relieur, la somme de quatre-vingt-seize livres contenue au présent mémoire, laquelle sera passée et allouée dans les Comptes de la Grande Trésorerie, en raportant le présent et la quittance dudit Dubois.

Fait à Paris, ce seizième de mars mil sept cent vingt-sept.

(Signé) : L'ABBÉ DE POMPONNE.

(En marge.) Bon à payer, ce 25 mars 1727.

J'ay receu de Monsieur Chuppin, trésorier du Marc d'Or en exercice, la somme de quatre-vingt-seize livres en l'aquit de l'ordre du Saint-Esprit, pour le contenu aux mémoire et mandement de l'autre part, dont je quitte.

A Paris, ce vingt-neufième jour de mars MVII[e] vingt-sept.

(Signé) : DUBOIS.

(Original. — Bibl. Nat., Ms. Cl. 1262, fol. 151 r° et v°. — Minute, Ms. Cl. 1212, fol. 279 r°. — La mention de cette dépense se trouve dans le Compte de la Grande Trésorerie des ordres du Roi pour 1727, Ms. Cl. 1261, fol. 13 r° et v°, et copie du XVIIIe siècle, Ms. Cl. 1200, fol. 47 r°).

1728

43. — L.-J. Dubois, statuts du Saint-Esprit et de Saint-Michel et livres de prières du Saint-Esprit.

Mémoire des livres que Dubois, relieur ordinaire du Roy, a relié pour l'ordre, par ordre de M. l'abé de Pomponne, chancelier des ordres du Roy.

Le 25 janvier 1728.

à 10 livres 10 sols 210 livres.	Vingt statuts de l'ordre du Saint-Esprit, reliez en maroquin rouge, à raison de 12 livres chacun, 240 livres.
à 3 livres pièce, 75 livres.	Plus, 25 livres des prières reliez en maroquin rouge, à raison de trois livres chacun, 75 livres.

<table>
<tr><td>à 6 livres piéce,
72 livres.</td><td>Plus, 12 statuts de l'ordre de Saint-Michel in-4°, avec 3 filets d'or et les armes du Roy sur le plat, reliez en veau fauve, à raison de 6 livres chaque volume,</td><td>72 livres.</td></tr>
<tr><td>357 livres</td><td></td><td>387 livres.</td></tr>
</table>

Arresté à trois cent cinquante-sept livres.

(*A la suite.*) Je prie Monsieur Dodun, commandeur et grand trésorier des ordres du Roy, de faire payer par M. Gueffier, trésorier du Marc d'Or en exercice, au sieur Dubois, relieur, la somme de trois cent cinquante-sept livres contenue au présent mémoire, laquelle somme sera passée et allouée dans les Comptes de la Grande Trésorerie, en raportant le présent et la quittance dudit Dubois.

Fait à Paris, le 29° jour de janvier mil sept cent vingt-huit.

     (*Signé*) : L'ABBÉ DE POMPONNE.

(*En marge.*) M. de Clerenbaut est dépositaire de ces livres, pour les distribuer dans les occasions nécessaires.

(*Au-dessous.*) Je prie M. Gueffier de payer ladite somme.

A Paris, ce douze février mil sept cent vingt-huit.

     (*Signé*) : DODUN.

(Original. — Bibl. Nat., Ms. Cl. 1262, 342 r°. — Variante, minute, Ms. Cl. 1099, fol. 260 r°. — La mention de cette dépense se trouve dans le Compte de la Grande Trésorerie des ordres du Roi pour 1728, même Ms., fol. 169 v° et 170 r°, et copie du XVIII° siècle, Ms. Cl. 1194, fol. 272 v°.)

44. — En la presence des conseillers du Roy, notaires à Paris, soussignez, demoiselle Anne-Margueritte Dubois, fille majeure, seule et unique héritière de deffunt Louis-Joseph Dubois, son père, relieur ordinaire du Roy, a reconnu avoir reçu de M° Louis Gueffier, trésorier du Marc d'Or, la somme de trois cent cinquante-sept livres

contenue en l'arresté et mandement de Monsieur l'abbé de Pomponne, chancelier des ordres du Roy, du vingt-neuf janvier dernier, estant en suitte du mémoire des livres que luy, déffunt Dubois, a relié pour l'ordre du Saint-Esprit, par ordre de Mondit sieur abbé de Pomponne, de laquelle dite somme de trois cent cinquante-sept livres, ladite demoiselle Dubois quitte et décharge ledit sieur Gueffier.

Fait et passé à Paris, le six février mil sept cent vingt-huit. Et a signé.

(Signé) : A.-M. Du Bois.
Doyen.   Delanoy (?)

(Original — Bibl. Nat., Ms. Cl. 1262, fol. 344 r°).

GABRIEL-JEAN-BAPTISTE TIGER
1728-1786 (1)

G.-J.-B. Tiger, qui succéda à L.-J. Dubois comme relieur des ordres, employa, pour les travaux qu'il exécuta, les mêmes fers que ceux qui avaient servi à son prédécesseur. Les livres des statuts des ordres de Saint-Michel et du Saint-Esprit ont toujours le même écusson aux armes royales au centre des plats; les statuts du Saint-Esprit conservent la colombe aux coins de la reliure. Les livres de prières du Saint-Esprit, reliés en maroquin rouge ou en veau, imprimés en 1703 et réimprimés, avec des variantes, en 1768, ont tous la même décoration sur leurs plats, une croix du Saint-Esprit. (Voir Bibl. nat., Réserve, B 903).

Sur un exemplaire des statuts de l'ordre du Saint-Esprit, conservé à la Bibliothèque Nationale (LI ^{14}, n° 39^{E}),

---

(1) La découverte de nouveaux documents nous a permis de reculer la date extrême des travaux de Tiger. Nous avions donné dans la notice en tête de ce travail la date de 1770.

se trouve, collée à l'intérieur du plat, l'étiquette de Tiger, que nous reproduisons ci-dessous :

> TIGER, Relieur des Ordres
> du Roi & Marchand Papetier,
> au Pilier Littéraire, Place de
> Cambrai, attenant le Collège
> Royal, en entrant par la rue
> S. Jacques, vend ce qui con-
> cerne l'Écriture, & se charge
> de l'entretien des Bibliothè-
> ques
>   A PARIS.

Tiger relia aussi un catalogue manuscrit et enluminé, des chevaliers, commandeurs et officiers du Saint-Esprit; il en sera question à la suite de ce travail, quand nous parlerons des miniaturistes qui travaillèrent pour les ordres du Roi.

1728

45. — *G.-J.-B. Tiger, statuts de Saint-Michel*.

Memoire de Tiger, relieur.

Premièrement, pour avoir, par l'ordre de Monsieur de Clerembaut, relié en veau fauve, avec les armes du Roy et trois filets sur le plat, doré sur tranche, six volumes intitulés : Statuts de l'ordre de Saint-Michel, à 5 livres le volume, font, cy, — à 4 livres 10 sols, 27 livres. — 30 livres.

2º Trois de même, en papier doré et doré sur tranche, à 1 livre 10 sols le volume, font, cy, — à 1 livre, 3 livres. — 4 livres 10 sols.

Trois de même, en papier marbré, doré sur tranche, à 15 sols le volume, font, cy, — à 10 sols, 1 livre 10 sols. — 2 livres 15 sols.

31 livres 10 sols.

Total   37 livres 5 sols.

(*Signé*) : TIGER.

Arresté à trente-une livres dix sol.

(*A la suite.*) Je prie Monsieur Dodun, commandeur et grand trésorier des ordres du Roy, de faire payer par M. Gueffier, trésorier du Marc d'Or en exercice, la somme de trente-une livres dix sols contenue au mémoire cy-dessus, à Tiger, relieur de l'ordre, laquelle somme luy sera passée et allouée dans les Comptes de la Grande Trésorerie.

Fait à Paris, ce vingt-quatre d'octobre mil sept cent vingt-huit.

(Signé) : L'Abbé de Pomponne.

(*A la suite.*) J'ai reçeu de M. Gueffier, trésorier du Marc d'Or, à la décharge de l'ordre du Saint-Esprit, la somme de trente-une livres dix sols, pour le contenu au mémoire de l'autre part, dont je quitte.

A Paris, ce 30 octobre 1728.

(Signé) : Tiger.

(Original. — Bibl. Nat., Ms. Cl. 1262, fol. 345 rº et vº. — Minute, Ms. Cl. 1099, fol. 292 rº. — La mention de cette dépense se trouve dans le Compte de la Grande Trésorerie des ordres du Roi pour 1728, Ms. Cl. 1262, fol. 170 rº, et copie du XVIIIe siècle, Ms. Cl. 1194, fol. 272 vº et 273 rº).

1729

46. — G.-J.-B. Tiger, livres de prières du Saint-Esprit et statuts de Saint-Michel.

Mémoire des livres que Monsieur de Clairembaut a donné à relier à Tiger.

4 livres, suivant ce qui a esté payé en 1728	Huit statuts de l'ordre de Saint-Michel relié en papier doré, doré sur tranche, à vingt sols le volume, 8 livres.
3 livres pièce. 36 livres, suivant ce qui a esté payé en 1728	Douze petits livres de prières de l'ordre du Saint-Esprit relié en maroquin rouge, la croix de chevalier au milieu, à 3 livres le volume, cela fait 36 livres.

44 livres.

Rendu le 20 de février 1729.

Arresté par ordre, le 7 mars 1729, à 40 livres.

(*A la suite.*) Je prie M. Dodun, commandeur et grand trésorier des Ordres du Roi, de faire payer par M. Chupin, trésorier du Marc d'Or en exercice, la somme de quarante livres à Tiger, relieur, contenus au mémoire cy-dessus, laquelle somme sera passée et allouée dans les Comptes de la Grande Trésorerie des ordres, en raportant le présent et quittance dudit Tiger.

Fait à Paris, le huitième mars mil sept cent vingt-neuf.

(*Signé*) : L'ABBÉ DE POMPONNE.

(*En marge.*) Je prie M. Chupin, trésorier du Marc, de payer au sieur Tiger, relieur, ladite somme de quarente livres cy-dessus.

A Paris, ce treize mars mil sept cent vingt-neuf.

(*Signe*) : DODUN.

(Original. — Bibl. Nat., Ms. Cl. 1263, fol. 162 r°. — La mention de cette dépense se trouve dans le Compte de la Grande Trésorerie des Ordres du Roi pour 1729, même Ms., fol. 14 v°).

1729

47. — *G.-J.-B. Tiger, livres de prières du Saint-Esprit et statuts de Saint-Michel.*

Mémoire pour M. Clerambeau, généalogiste du Roy.

Premièrement.

Douze volumes des statuts de l'ordre de Saint-Michel relié en veau fauve, doré sur tranche, les armes sur le plat et trois filets en or, à raison de six livres le volume, monte à la somme de soixante et douze livres. Cy,   72 livres.

Item, douze volumes de prières du Saint-Esprit relié en marocquin et la croix de l'ordre sur le plat, à raison de trois livres le volume, monte à la somme de trente-six livres. Cy,   36 livres.

Total   108 livres.

(*A la suite.*) Je prie M. Dodun, commandeur et grand trésorier des ordres du Roy, de faire payer par M. Chupin, trésorier du Marc d'Or en exercice, la somme de cent huit livres à Tiger, relieur, contenue au mémoire cy-dessus, laquelle somme sera passée et allouée dans les Comptes de la Grande Trésorerie des ordres, en raportant le présent et quittance dudit Tiger.

Fait à Paris, le dixième d'octobre mil sept cent vingt-neuf.

(Signé) : L'Abbé de Pomponne.

(*En face.*) J'ay receu de M. Chuppin, trésorier du Marc d'Or en exercice, la somme de cent huit livres pour les ouvrages de reliure de douze exemplaires des statuts de l'ordre de Saint-Michel et de douze livres de prières de l'ordre du Saint-Esprit, contenues au mémoire cy-contre, suivant le mandement de M. l'abbé de Pomponne, commandeur et chancelier des ordres du Roy, du dix des présent mois et an, dont je quitte.

A Paris, ce 28e jour d'octobre mil sept cent vingt-neuf.

(Signé) : Tiger.

(Original. — Bibl. Nat., Ms. Cl. 1263, fol. 160 r° à 161 r°, — La mention de cette dépense se trouve dans le Compte de la Grande Trésorerie des ordres du Roi pour 1729, même Ms., fol. 14 v°).

1730

48. — G.-J.-B. Tiger, statuts et livres de prières
du Saint-Esprit.

Mémoire des livres que M. Clairambault a donné à relier à Tiger, par ordre de M. l'abé de Pomponne, chancelier.

Du 21 janvier 1730.

Dix statuts de l'ordre du Saint-Esprit en maroquin rouge,

4

avec les armes du Roy et ornemens de l'ordre, dorez sur tranche, à dix livres chacun, montent à   100 livres.

Deux autres mêmes statuts, reliez en veau fauve, avec la même dorure, à 8 livres,   16 livres.

Et douze livres de prières de l'ordre, reliez en maroquin rouge, avec la croix du Saint-Esprit, à raison de 3 livres chacun,   36 livres.

    152 livres.

Arresté par ordre ledit jour, 21 de janvier 1730, à 152 livres.

(*A la suite.*) Je prie Monsieur Dodun, commandeur et grand trésorier des ordres du Roi, de faire payer par M. Gueffier, trésorier du Marc d'Or en exercice, la somme de cent cinquante-deux livres à Tiger, relieur, contenue au mémoire cy-dessus, laquelle somme sera passée et allouée dans les Comptes de la Grande Trésorerie des ordres, en raportant le présent et quittance dudit Tiger.

Fait à Paris, le 21ᵉ jour de janvier mil sept cent trente.

(*Signé*) : L'Abbé de Pomponne.

(*En marge.*) Bon à payer par M. Gueffier.
A Paris, ce 5 février 1730.

(*Signé*) : Dodun.

(Original. — Bibl. Nat., Ms. Cl. 1263, fol. 327 rᵒ. Au verso, la signature de Tiger. — La mention de cette dépense se trouve dans le Compte de la Grande Trésorerie des ordres du Roi pour 1730, même Ms., fol. 185 vᵒ).

1730

49. — *G.-J.-B. Tiger, statuts de Saint-Michel.*

Mémoire des statuts abrégez de l'ordre de Saint-Michel reliez en papier doré, marbré et doré sur tranche, par ordre de Monseigneur l'abbé de Pomponne, commandeur et chancelier des ordres, par Tiger, relieur de l'ordre.

Rendu le 28 octobre 1730, remis à M. Clairambault douze exemplaires des statuts abrégez de l'ordre de Saint-Michel, reliez en papier doré et dorez sur tranche, à trente sols pièce. Cy,   18 livres.

(*A la suite.*) Réduit à 20 sols pièce, comme ils ont esté payez en 1728.

Ce 20 novembre 1730. Cy,   12 livres.

Bon pour payer, ce . . . .

(*A la suite.*) Monsieur Gueffier, trésorier du Marc d'Or en exercice en la presente année, payera les douze livres portez en ce mémoire, qui luy seront allouez en la dé-pensse de son compte.

Fait à Paris, le dixième décembre mil sept cent trente.

(*Signé*) : L'ABBÉ DE POMPONNE.

(*Au verso du mémoire.*) Reçu le contenu de l'autre part.

(*Signé*) : TIGER.

(Original. — Bibl. Nat., Ms. Cl. 1263, fol. 329 r° et v°. — La mention de cette dépense se trouve dans le Compte de la Grande Trésorerie des ordres du Roi pour 1730, même Ms., fol. 186 r°).

1730

50. — *G.-J.-B. Tiger, recueil d'édits, déclarations, etc., concernant l'ordre du Saint-Esprit et le Marc d'Or.*

Mémoire de ce que Tiger, relieur de l'ordre, a fait par ordre de M. Chupin, en 1730.

Deux volumes in-4° du Recueil des édits, déclarations, etc., concernant l'ordre du Saint-Esprit et le Marc d'Or, reliez en veau fauve, avec 3 filets d'or sur le plat, à raison de 4 livres pièce. Cy,   8 livres.

Autre pareil volume, relié à l'ordinaire. Pour celui-cy,   2 livres.
                                        ____
                                        10 livres.

Ledit relieur suplie Messieurs Gueffier ou Chupin de le faire payer, ayant travaillé, par ordre de M. Chupin, pour Mgr Dodun, M. le marquis de Breteuil et M. Gueffier.

(*A la suite.*) Je prie M. Chuppin, trésorier du Marc d'Or en exercice, de payer au sieur Tiger, relieur de l'ordre du Saint-Esprit, la somme de dix livres, pour les relieure de trois exemplaires du recueil du Marc d'Or, mentionnez cy-dessus, de laquelle somme je luy tiendray compte sur les fonds de l'ordre du Saint-Esprit, en me rendant le présent quittancé.

A Paris, ce 28e février 1733.

(*Signé*) : DODUN.

(*A la suite.*) Reçu 10 livre (sic) pour le contenu de l'autre part.

15 juillet 1733.

(*Signé*) : TIGER.

(Original. — Bibl. Nat., Ms. Cl. 1265, fol. 179 r° et v^o. — La mention de cette dépense se trouve dans le Compte de la Grande Trésorerie des ordres du Roi pour 1733, même Ms., fol. 15 v° et 16 r°).

1731

51. — *G.-J.-B. Tiger, statuts du Saint-Esprit et de Saint-Michel.*

Mémoire des status de l'ordre du Saint-Esprit et de Saint-Michel rendu à M. Clairambault par Tiger, le relieur, le 7 août 1731.

(*En marge.*) Livres en réserve chez M. de Clerembaut.

Premièrement.

Douze statues de l'ordre du Saint-Esprit relié en maroquin rouge, avec les armes du

<table>
<tr><td>Paiez à ce prix de
10 l. pièce,
par ordre du
21 janvier 1730.</td><td>Roi au milieu et ceux de l'ordre au quatre coin (*sic*) à dix livres chacun, monte à la somme de cent-vingt livres. Cy,   120 livres.</td></tr>
<tr><td>Id.</td><td>Douze statues de l'ordre de Saint-Michel relié en veau fauve, doré sur tranche, trois fillets sur le plat, avec les armes du Roy au milieu, à six livres chacun, monte à soixante et douze livres. Cy,   72 livres.</td></tr>
<tr><td>Id.</td><td>Item, douze petites (*sic*) statues de l'ordre de Saint-Michel relié en papier doré et doré sur tranche, à vingt sols chacun, monte à douze livres. Cy,   12 livres.</td></tr>
</table>

Total   204 livres.

(*A la suite.*) Je prie M. Dodun, commandeur et grand trésorier des ordres du Roy, de faire payer par M. Chupin, trésorier du Marc d'Or, en exercice, la somme de deux cent quatre livres à Tiger, relieur, contenue au mémoire cy-dessus, laquelle somme sera passée et allouée dans les Comptes de la Grande Trésorerie des ordres, en raportant le présent et quittance dudit Tiger.

Fait à Paris, le 9ᵉ jour d'avril mil sept cent trente et un.

(*Signé*) : L'ABBÉ DE POMPONNE.

(*En marge.*) Je prie M. Chupin de payer la somme de deux cent quatre livres.

A Paris, ce quinze avril mil sept cent trente et un.

(*Signé*) : DODUN.

(*A la fin du mémoire.*) Je soussigné reconnoist avoir receu de M. Chuppin, trésorier du Marc d'Or, la somme de deux cent quatre livres pour le contenu au mémoire de l'autre part et suivant les mandements cy-dessus, dont quittance.

Ce seize avril mil sept cent trente-un.

(*Signé*) : TIGER.

(Original. — Bibl. Nat., Ms. Cl. 1264, fol. 179 rᵒ et vᵒ. — La mention de cette dépense se trouve dans le Compte de la

Grande Trésorerie des ordres du Roi pour 1731, même Ms., fol. 14 r°).

1733

52. — *G.-J.-B. Tiger, statuts de Saint-Michel et catalogue des chevaliers du Saint-Esprit.*

Mémoire des statues de Saint-Michel que M. de Clerambault, généalogiste des ordres du Roy, m'a donné à relier.

Premièrement.

Du 1er frévrier (*sic*) 1733.

Douze volumes in-carto des statues de l'ordre de Saint-Michel relié en veau fauve, doré sur tranche, trois filets sur le plat et les armes du Roy au milieu, à six livres le volume, monte à la somme de soixante et douze livres. Cy,   72 livres.

De plus, douze petit en papié doré, à vingt sols le volume, monte à douze liv. Cy, 12 livres.

à 20 livres.   Item, catalogue des chevaliers du Saint-Esprit, un volume in-folio relié en maroquin rouge, doré sur tranche, les armes du Roy au milieu du plat et ceux du Saint-Esprit au quatre coin et une roulette d'or tout autour, vingt-cinq livres. Cy,   25 livres.

Total   109 livres.

(*Au-dessous*.) Réduit à la somme de 104 livres.

(*A la suite*.) Je prie M. Dodun, commandeur et grand trésorier du Marc d'Or en exercice, de faire payer par M. Chupin, trésorier du Marc d'Or en exercice, la somme de cent quatre livres à Tiger, relieur, contenue au mémoire cy-dessus, laquelle somme sera passée et alouée dans les Comptes de la Grande Trésorerie des ordres, en raportant le présent et quittance.

Fait à Paris, ce vingtième de février mil sept cent trente-trois.

(*Signé*) : L'ABBÉ DE POMPONNE.

(*En marge.*) Bon à payer par M. Chupin.
Ce 21 février 1733.

(*Signé*) : Dodun.

(*A la fin du mémoire.*) J'ay receu de M. Chuppin, trésorier du Marc d'Or en exercice la présente année, la somme de cent quatre livres pour le contenu au mémoire cy-dessus et de l'autre part, suivant le mandement de Monsieur l'abbé de Pomponne du 20 des présens mois et an.
A Paris, ce 25 février 1733.

(*Signé*) : Tiger.

(Original. — Bibl. Nat., Ms. Cl. 1265, fol. 177 rº et vº. — La mention de cette dépense se trouve dans le Compte de la Grande Trésorerie des ordres du Roi pour 1733, même Ms., fol. 15 vº).

1733

53. — *G.-J.-B. Tiger, catalogues des chevaliers du Saint-Esprit.*

Mémoire des catalogues des chevaliers du Saint-Esprit reliez par Tiger, par ordre de Mgr. l'abé de Pomponne, chancelier, au mois de may et depuis, jusques et y compris le 30 juillet 1733.

Réduit, sous le bon plaisir de M. le Chancelier, à 4 livres pièce, 308 livres.	Soixante et dix-sept volumes in-folio en veau fauve, avec les armes du Roy sur le plat et les chifres de Sa Majesté, avec les croix sur le dos, à raison de 4 livres 10 sols pièce, 346 livres.
à 10 livres.	Un en veau fauve avec les armes du Roy, une roulette et les ornemens du Saint-Esprit aux coins et sur le dos, doré sur tranche, 12 livres.
Id. 10 livres.	Un relié en vélin vert-bleu, avec les mêmes ornemens, 12 livres.
3 livres.	Pour les ports. 4 livres.
Total 331 livres.	Total 374 livres.

(*A la suite.*) Je prie M. Dodun, commandeur et grand trésorier des ordres du Roi, de faire payer par M. Chupin, trésorier du Marc d'Or en exercice, la somme de trois cens trente-une livres à Tiger, relieur, contenue au mémoire cy-dessus, laquelle somme sera passée et allouée dans les Comptes de la Grande Trésorerie des ordres, en raportant le présent et quittance dudit Tiger.

Fait à Paris, le 1ᵉʳ jour d'aoust 1733.

(*Signé*) : L'ABBÉ DE POMPONNE.

(*En marge.*) Ce, par l'ordre exprès du Roy.

(*A la fin du mémoire.*) Reçu le contenu de l'autre part.

A Paris, le 9 aoust 1733.

(*Signé*) : TIGER.

(Original. — Bibl. Nat., Ms. Cl. 1265, fol. 181 rº et vº. — La mention de cette dépense se trouve dans le Compte de la Grande Trésorerie des ordres du Roi pour 1733, même Ms., fol. 16 rº).

1734

54. — *G.-J.-B. Tiger, catalogues des chevaliers du Saint-Esprit et histoire généalogique des grands officiers de la couronne.*

Mémoire des livres que Tiger, relieur, a relié par ordre de Monseigneur le chancelier des ordres du Roy, pour les salles desdits ordres aux Grands Augustins de Paris.

L'histoire généalogique des grands officiers de la couronne, en 9 volumes in-folio, reliez en veau fauve, avec les armes du Roy, à cinq livres le volume.   45 livres.

Plus, deux catalogues des chevaliers du Saint-Esprit reliés en veau fauve, avec les armes du Roy, à quatre francs chaque volume,   8 livres.

____

53 livres.

(*A la suite.*) Je prie Monsieur Dodun, commandeur et grand trésorier des ordres du Roy, de faire payer par Monsieur Gueffier, trésorier du Marc d'Or en exercice, audit Tiger, relieur, la somme de cinquante-trois livres pour le contenu au présent mémoire.

Fait à Paris, le 28 de février mil sept cent trente-quatre.

(Signé) : L'ABBÉ DE POMPONNE.

(*A la suite.*) Receu le contenu de l'autre part.

A Paris, ce 10 mars 1734.

(Signé) : TIGER.

(Original. — Bibl. Nat., Ms. Cl. 1264, fol. 394 r° et v°. — La mention de cette dépense se trouve dans le Compte de la Grande Trésorerie des ordres du Roi pour 1732, même Ms., fol. 201 r°).

1734

55. — G.-J.-B. Tiger, statuts de Saint-Michel.

Je prie Monsieur Dodun, commandeur et grand trésorier des ordres du Roy, de faire payer par M. Gueffier, trésorier du Marc d'Or en exereice, la somme de soixante-douze livres au sieur Tiger, relieur, pour la reliure qu'il a fait de douze statuts de l'ordre de Saint-Michel en veau fauve, dorés sur tranche, avec trois filets d'or le plat, et les armes du Roy au milieu, à raison de 6 livres pièces, suivant le prix ordinaire, laquelle somme de 72 livres sera passée et allouée dans les Comptes de la Grande Trésorerie des ordres, en raportant le présent et la quittance dudit Tiger.

Fait à Paris, le onse d'octobre mil sept cent trente-quatre.

(Signé) : L'ABBÉ DE POMPONNE.

(*En marge.*) Bon à payer par M. Gueffier.

A Paris, le cinq novembre 1734.

(Signé) : DODUN.

(*A la fin du mémoire.*) Receu de M. Gueffier le contenu de l'autre part.

A Paris, le 5ᵉ décembre mil sept cent trente-quatre.

(*Signé*) : TIGER.

(Original. — Bibl. Nat., Ms. Cl. 1266, fol. 393 rᵒ et vᵒ. — La mention de cette dépense se trouve dans le Compte de la Grande Trésorerie des ordres du Roi pour 1734, Ms. Cl. 1265, fol. 212 rᵒ).

1735

56. — *G.-J.-B. Tiger, statuts, livres de prières et catalogues du Saint-Esprit.*

De la somme de deux cent vingt-cinq livres payée au sieur Tiger, relieur, pour différentes relieures de catalogues, exemplaires de saluts et livres des prières de l'ordre du Saint-Esprit, suivant son mémoire, mandement de M. l'abbé de Pomponne et quittance cy raportée. Cy, IIᶜ xxv livres.

(Compte de la Grande Trésorerie des ordres du Roi pour 1735, Bibl. Nat., Ms. Cl. 1267, fol. 19 vᵒ et 20 rᵒ).

1736

57. — *G.-J.-B. Tiger, Catalogue des chevaliers du Saint-Esprit et statuts de Saint-Michel.*

Mémoire des ouvrages de relieure faits pour l'ordre du Saint-Esprit par Tiger, relieur, de l'ordre de Monseigneur l'abbé de Pomponne, chancelier des ordres du Roy, le 23 de juin 1736.

Pour trois volumes des catalogues des chevaliers du Saint-Esprit reliez en maroquin bleu, dorés sur tranche, avec les armes du Saint-Esprit aux quatre coins et celles du Roy, au milieu, à vingt livres le volume, monte à soixante livres. Cy, 60 livres.

Pour un autre en veau, avec les armes du Roy au milieu, quatre livres. Cy,   4 livres.

Pour trois volumes des statuts de l'ordre de Saint-Michel reliés en maroquin bleu, dorés sur tranche, les armes du Saint-Esprit aux quatre coins et celles du Roy au milieu, à douze livres chacun. Pour cecy,   36 livres.

Plus, pour un autre volume des mêmes statuts relié en veau, doré sur tranche, les armes du Roy au milieu et trois filets sur le plat, six livres. Cy,   6 livres.
                                                    ———————
                                                    106 livres.

(*A la suite.*) Je prie Monsieur le comte de Maurepas, commandeur et grand trésorier des ordres du Roy, de faire payer par M. Gueffier, trésorier du Marc d'Or en exercice, à Tiger, relieur, la somme de cent six livres pour les reliures mentionnées au présent mémoire.

Fait à Paris, le 31e jour d'aoust mil sept cent trente-six.

(Signé) : L'Abbé de Pomponne.

(*A la suite.*) Veu, bon à paier.
Ce 7 septembre 1736.

(Signé) : Maurepas.

(*A la suite.*) J'ai receu de M. Gueffier, trésorier du Marc d'Or, les cent six livres contenus aux ordres cy-dessus, dont quittance.

À Paris, ce 18e septembre 1736.

(Signé) : Tiger.

[Original. — Bibl. Nat., Ms. Cl. 1267, fol. 298 re. — La mention de cette dépense se trouve dans le Compte de la Grande Trésorerie des ordres du Roi pour 1736, même Ms., fol. 68 re.]

1736

58. — *G.-J.-B. Tiger, statuts de Saint-Michel.*

Mémoire des ouvrages de relieure pour l'ordre du Saint-Esprit faits par Tiger, relieur de l'ordre de Monseigneur l'abbé de Pomponne, chancelier.

Du 18 novembre 1736.

Pour douze statuts de l'ordre de Saint-Michel reliés en veau fauve, dorés sur tranche, les armes du Roy et trois filets d'or sur le plat, à six livres le volume, monte à soixante et douze livres. Cy,   72 livres.

(*A la suite.*) Je prie Monsieur le comte de Maurepas, commandeur et grand trésorier des ordres du Roy, de faire payer par M. Gueffier, trésorier du Marc d'Or en exercice, à Tiger, relieur, la somme de soixante et douze livres pour les volumes cy-dessus mentionnés, à raison de six livres chaque, suivant le prix cy-devant arresté.

Fait à Paris, le vingt-cinquième jour de novembre 1736.

(*Signé*) : L'ABBÉ DE POMPONNE.

(*A la suite.*) Bon à payer par Monsieur Gueffier.

(*Signé*) : MAUREPAS.

(A la suite, signature en blanc) :   TIGER.

(Original. — Bibl. Nat., Ms. Cl. 1267, fol. 300 r° et v°. — La mention de cette dépense se trouve dans le Compte de la Grande Trésorerie des ordres du Roi pour 1736, même Ms., fol. 68 v°).

1738

59. — *G.-J.-B. Tiger, statuts, livres de prières, catalogues du Saint-Esprit et statuts de Saint-Michel.*

Mémoire des ouvrages de relieures de l'ordre du Saint-

Esprit donné à Tiger, par ordre de Monseigneur l'abbé de Pomponne.

Du 26ᵉ janvier 1738.

Premièrement.

Bon pour 12 vol. in-quarto	Douze volumes de statuees (*sic*) des chevalliers de l'ordre, in-carto, relier en maroquin rouge doré sur tranche, les armes de l'ordre au quatre coin et du Roy au milieu et dentelle autour, à dix livres le volume, monte à cent vingt livres. Cy, 120 livres.
Bon pour 24 vol. in-douse	Item, vingt-quatre prières relié en maroquin, la croix de l'ordre au milieu, à trois livres le volume, monte à soixante et douze livres. Cy, 72 livres.
Bon pour 12 volumes des statuts de St Michel.	Item, douze volumes de statuees de l'ordre de Saint-Michel, in-carto, relié en veau fauve, doré sur tranche, trois fillets sur le plat et les armes du Roy au millien, à six livres le volume, monte à soixante et douze livres. Cy, 72 livres.
Bon pour 12 catalogues in-folio	Item, douze catalogues des chevaliers de l'ordre, in-folio, relié en veau fauve, les armes du Roy, à quatre livres le volume, monte à quarante-huit livres. Cy, 48 livres.

Total   312 livres.

(*A la suite.*) Arresté à la dite somme de trois cent douze livres, conformément aux prix cy-devant fait.

Bon pour la somme de trois cent douze livres.

(*A la suite.*) Je prie Monsieur le comte de Maurepas, commandeur et grand trésorier des ordres du Roy, de faire payer au sieur Tiger, relieur, par M. Gueffier, trésorier du Marc d'Or en exercice, la somme de trois cent douze livres contenue au présent mémoire.

Fait à Paris, le 29ᵉ de janvier mil sept cent trente-huit.

(*Signé*) : L'ABBÉ DE POMPONNE.

(*A la suite.*) Bon à payer par M. Gueffier.

(*Signé*) : MAUREPAS.

(*A la suite.*) Receu le contenu du présent mémoire.
A Paris, ce quinze mars mil sept cent trante huit.

(*Signé*) : TIGER.

(Original. — Bibl. Nat., Ms. Cl. 1269, fol. 212 r° et v°. — La
   mention de cette dépense se trouve dans le Compte de
   la Grande Trésorerie des ordres du Roi pour 1738, même
   Ms., fol. 22 r°).

1739

60. — *G.-J.-B. Tiger, statuts, livres de prières, catalogues du Saint-Esprit et statuts de Saint-Michel.*

Mémoire des livres reliez par Tiger, de l'ordre de Monseigneur l'abbé de Pomponne, chancelier des ordres du Roy, le 1ᵉʳ jour de may 1739, pour Messieurs les chevaliers desdits ordres.

Douze exemplaires des statuts de l'ordre du Saint-Esprit en maroquin rouge, avec les armes du Roy et le Saint-Esprit aux quatre coins et une dentelle en or à l'entour, à dix livres chaque volume,   120 livres.
   Plus, douze exemplaires des statuts de l'ordre de Saint-Michel reliez en veau fauve, les armes du Roy au milieu et 3 filets d'or sur le plat et dorés sur tranche, à six livres le volume,   72 livres.
   Plus, douze exemplaires des catalogues des chevaliers du Saint-Esprit reliez en veau fauve, les armes du Roy au milieu et rouges sur la tranche, à quatre livres le volume, 48 livres.

                                             240 livres.

   Plus, pour un livre de prières en maroquin rouge doré sur tranche,   3 livres.

                              Total   243 livres.

(*A la suite.*) Je prie Monsieur le comte de Maurepas, commandeur et grand trésorier des ordres du Roy, de faire payer par M. Chupin, trésorier du Marc d'Or en exercice, au sieur Tiger, la somme de deux cent quarante-trois livres pour le contenu du mémoire cy-dessus.

Fait à Paris, le deux may mil sept cent trente-neuf.

(Signé) : L'ABBÉ DE POMPONNE.

(*A la suite.*) A paier par M. Chuppin.
Le 8 may 1739.

(Signé) : MAUREPAS.

(*A la suite.*) Receu de Monseigneur le comte de Maurepas, commandeur, grand trésorier des ordres du Roy, la somme de deux cent quarante-trois livres, par les mains de M. Chuppin, trésorier général du Marc d'Or.

A Paris, le unze may 1739.

(Signé) : TIGER.

(Original. — Bibl. Nat., Ms. Cl. 1270, fol. 174 rᵒ et vᵒ. — La
   mention de cette dépense se trouve dans le Compte de la
   Grande Trésorerie des Ordres du Roi pour 1739, même
   Ms., fol. 19 vᵒ et 20 rᵒ).

1739

61. — G.-J.-B. Tiger, réparations de reliures
du Saint-Esprit.

Mémoire de ce que moy, Tiger, a fait par ordre de Monseigneur l'abbé de Pomponne, commandeur et chancelier des ordres du Roy, pendant le mois de may 1739.

Pour avoir fait retoucher les armes du Saint-Esprit. Pour ce,   8 livres.

Plus, pour avoir aussi fait retoucher la petite croix qui sert au petit livre de prières. Pour ce,   3 livres.

Plus, pour avoir fait retoucher et rétablir les armes du Roy, servans aux relieures concernant les ordres du Roy. Pour ce,   15 livres.

Total   26 livres.

(*A la suite.*) Je prie Monsieur le comte de Maurepas, commandeur et grand trésorier des ordres du Roy, de faire payer par M. Chupin, trésorier du Marc d'Or en exercice, la somme de vingt-six livres au sieur Tiger, relieur, pour le contenu au mémoire cy-dessus.

Fait à Paris, ce 3ᵉ juillet 1759.

(*Signé*) : L'Abbé de Pomponne.

(*A la suite.*) Bon à payer par M. Chuppin.

(*Signé*) : Maurepas.

(*A la suite.*) Pour acquit.
Ce 13 juillet 1739.

(*Signé*) : Tiger.

(Original. — Bibl. Nat., Ms. Cl. 1270, fol. 176 rᵒ et vᵒ. — La mention de cette dépense se trouve dans le Compte de la Grande Trésorerie des ordres du Roi pour 1739, même Ms., fol. 20 rᵒ).

1741

62. — *G.-J.-B. Tiger, statuts et livres de prières du Saint-Esprit.*

Mémoire des relieures que Monsieur de Clerembault, généalogiste des ordres du Roy, a donné à Tiger, par l'ordre de Monseigneur l'abbé de Pomponne.

Premièrement.

Du 31e janvier 1741, relié douze statues de l'ordre du Saint-Esprit en maroquin rouge, doré sur tranche, les armes du Roy sur le plat et celle du Saint-Esprit aux quatre coins et la roulette du Roy toute autour, lavée et reglé, à douze livres le volume, monte à la somme de cent quarante-quatre livres. Cy,   144 livres.

Plus, du même jour, relié vingt prières du Saint-Esprit en maroquin rouge, lavée et reglé, doré sur tranche et la croix de l'ordre sur le plat, à quatre francs le volume, monte à la somme de quatre-vingt livres. Cy,   80 livres.

Plus, du 19e février, relié un statues de l'ordre du Saint-Esprit relié en veau fauve, doré sur tranche et toute ainsy que ceux de maroquin sy-dessus, neuf livres. Cy,   9 livres.

Total   233 livres.

(*A la suite.*) Je prie Monsieur le comte de Maurepas, commandeur et grand trésorier des ordres du Roy, de faire payer au sieur Tiger, relieur, par M. Gueffier, trésorier du Marc d'Or en exercice, la somme de deux cent trente-trois livres contenue au mémoire cy-dessus.

Fait à Paris, le 23 février 1741.

(*Signé*) : L'Abbé de Pomponne.

(*A la suite*). A payer par M. Gueffier.

(*Signé* : Maurepas.

(*A la suite.*) Receu de M. Gueffier, trésorier général du Marc d'Or, la somme de deux cent trente-trois livres pour le contenu du mémoire de l'autre part, dont je quitte.

A Paris, ce 24 février 1741.

(*Signé*) : Tiger.

(Original. — Bibl. Nat., Ms. Cl. 1270, fol. 413 r° et v°. — La mention de cette dépense se trouve dans le Compte de la Grande Trésorerie des ordres du Roi pour 1740, même Ms., fol. 226 v° et 227 r°).

1741

63. — *G.-J.-B. Tiger, statuts du Saint-Esprit et de Saint-Michel.*

Mémoire des ouvrages de reliure pour les ordres du Roy, donnés à relier à Tiger, par ordre de Monseigneur l'abbé de Pomponne.

Premièrement.

Du 5 mars 1741, rendu deux volumes des statuts de l'ordre du Saint-Esprit reliés en veau fauve, doré sur tranche, les armes du Roy au milieu et ceux du Saint-Esprit aux quatre coings et une roulette d'or autour du plat, à neuf livres le volume, monte à la somme de dix-huit livres. Cy, 18 livres.

(*En marge.*) Pour les sieurs Carlayet Vernier (?) controleur du mark d'or.

Item, du 18 mars, rendu six volumes des statuts de l'ordre de Saint-Michel reliés en veau brun, doré sur tranche, les armes du Roy au milieu du plat et trois filets d'or autour, à sept livres le volume, monte à la somme de quarante-deux livres. Cy, 42 livres.

Total   60 livres.

(*A la suite.*) Je prie Monsieur le comte de Maurepas, commandeur et grand trésorier des ordres du Roy, de faire payer par M. Gueffier, trésorier du Marc d'or en exercice, au sieur Tiger, relieur de l'ordre, la somme de soixante livres contenue au mémoire cy-dessus.

Fait à Paris, ce onze du mois d'avril mil sept cent quarante et un.

(*Signé*) : L'ABBÉ DE POMPONNE.

(*A la suite.*) A Monsieur Gueffier pour payer. Ce 12ᵉ avril 1741.

(*Signé*) : MAUREPAS.

(*A la suite.*) J'ay reçu de Monsieur Gueffier, trésorier général du Marc d'Or des ordres du Roy, la somme de soixante livres dont je quitte.

A Paris, ce douze avril mil sept cent quarante et un.

(*Signé*) : TIGER.

(Original. — Bibl. Nat., Ms. Cl. 1270, fol. 411 r° et v°. — La mention de cette dépense se trouve dans le Compte de la Grande Trésorerie des ordres du Roi pour 1740, même Ms., fol. 226 v° et 227 r°).

1742

64. — *G.-J.-B. Tiger, statuts et mémoires instructifs du Saint-Esprit et statuts de Saint-Michel.*

Mémoire des relieures faites et fournies par Tiger le 11 mars 1742, pour l'ordre du Saint-Esprit, par commandement de Monseigneur l'abbé de Pomponne, chancelier des ordres du Roy.

Sçavoir.

Pour treize exemplaires des statuts de l'ordre du Saint-Esprit reliez en maroquin rouge, avec les dorures, armes et ornemens ordinaires et dorés sur tranche, à douze livre pièce, font la somme de cent cinquante-six livres. Cy,   156 livres.

Plus, pour avoir relié douse exemplaires [des statuts] de l'ordre de Saint-Michel en veau brun, avec les armes du Roy et trois filets d'or sur le plat et dorés sur tranche; à sept livres chacun, font la somme de quatre-vingt-quatre livres. Cy,   84 livres.

Plus, pour avoir broché en papier doré et doré sur tranche six mémoires instructifs de ce que Messieurs les commandeurs et chevaliers de l'ordre du Saint-Esprit ont à faire pour leur réception, à vingt sols pièce. Pour cecy,   6 livres.

Total   246 livres.

(*A la suite.*) Je prie Monsieur le comte de Maurepas, commandeur et grand trésorier des ordres du Roy, de faire payer par M. de Beaumois, trésorier du Marc d'Or, au sieur Tiger, relieur, la somme de deux cent quarante-six livres pour les relieures par luy faites, mentionnées au présent mémoire.

Fait à Paris, le 21e de mars mil sept cent quarante-deux.

(Signé) : L'Abbé de Pomponne.

(A la suite.) Bon à paier par M. de Beaumois.

(Signé) : Maurepas.

(A la suite.) Je reconnois avoir recen de Monsieur de Beaumois le somme de deux cent quarante-six livres pour le contenu au mémoire de l'autre part, au bas duquel est l'ordonnance de Monseigneur le grand trésorier, dont quittance.

A Paris, ce vingt-huit mars mil sept cent quarante-deux.

(Signé) : Tiger.

(Original. — Bibl. Nat., Ms. Cl. 1271, fol. 354 r° et v°. — La mention de cette dépense se trouve dans le Compte de la Grande Trésorerie des ordres du Roi pour 1742, même Ms., fol. 188 r°).

1742

65. — G.-J.-B. Tiger, catalogue des chevaliers du Saint-Esprit et statuts de Saint-Michel.

Mémoires des livres que Tiger a reliés pour l'ordre du Saint-Esprit par commandement de Monseigneur l'abbé de Pomponne, chancelier des ordres du Roy, fournis le 5 de may 1742.

Sçavoir.

Le catalogue des chevaliers du Saint-Esprit in-folio, relié en maroquin rouge, doré sur tranche, avec les armes du

Roy au milieu du plat, le Saint-Esprit aux quatre coins et une roulette fleurdelisée d'or tout autour. Pour cecy, 20 livres.

Plus, les statuts de l'ordre de Saint-Michel in-4, aussi reliés en maroquin rouge, doré sur tranche, les armes du Roy sur le plat avec trois filets d'or. Pour cecy,   12 livres.

Total   32 livres.

Le tout pour Monseigneur le Dauphin.

(*A la suite.*) Je prie Monsieur le comte de Maurepas, commandeur et grand trésorier des ordres du Roy, de faire payer par M. de Beaumois, trésorier du Marc d'Or, la somme de trente-deux livres, à Tiger, relieur, pour le contenu au mémoire cy-dessus.

Fait à Fontainebleau, le onze de may mil sept cent quarente-deux.

(*Signé*) : L'ABBÉ DE POMPONNE.

(*A la suite.*) Bon à paier par M. de Beaumois.

(*Signé*) : MAUREPAS.

(*A la suite.*) Receu de M. de Beaumois, trésorier du Marc d'Or, les trente-deux livres contenus au mémoire cy-dessus, dont quittance.

A Paris, ce 23 may 1742.

(*Signé*) : TIGER.

(Orignal. — Bibl. Nat., Ms. Cl. 1271, fol. 356 r°. — La mention de cette dépense se trouve dans le Compte de la Grande Trésorerie des ordres du Roi pour 1742, même Ms., fol. 188 r° et v°).

1743

66. — G.-J.-B. Tiger, catalogues des chevaliers
du Saint-Esprit.

Mémoire des relieures faites par ordre de Monseigneur l'abbé de Pomponne, commandeur et chancelier des ordres du Roy, par Tiger, relieur ordinaire desdits ordres.

Du 10 mars 1743.

Pour avoir relié douze exemplaires de catalogue des chevaliers de l'ordre du Saint-Esprit en veau brun, avec les armes du Roy au milieu de chacun d'eux, à cinq livres pièces, cela monte à la somme de soixante livres. Cy,   60 livres.

(*A la suite.*) Je prie M. Orry, commandeur et grand trésorier des ordres du Roy, de faire payer par M. Chuppin, trésorier du Marc d'Or en exercice, la somme de soixante livres à Tiger, relieur, pour les reliures par luy faites, mentionnées au présent mémoire.

Fait à Paris, le seize de mars mil sept cent quarante-trois.

(*Signé*) : L'Abbé de Pomponne.

(*A la suite.*) A payer par M. Chuppin.

(*Signé*) : Orry.

(*A la suite.*) Reçeu le contenu de l'autre part.

A Paris, ce vingt-quatre mars mil sept cent quarante-trois.

(*Signé*) : Tiger.

(Original. — Bibl. Nat., Ms., Cl. 1272, fol. 209 r° et v°. — La mention de cette dépense se trouve dans le Compte de la Grande Trésorerie des ordres du Roi pour 1743, même Ms., fol. 38 v°).

1744

67. — *G.-J.-B. Tiger, statuts et catalogues des chevaliers du Saint-Esprit et statuts de Saint-Michel.*

Mémoire des livres que Tiger a reliés pour l'ordre du Saint-Esprit par commandement de Monseigneur l'abbé de Pomponne, chancelier des ordres du Roy, lesquels livres ont été livrés le 20 janvier 1744.

Pour douze catalogues des chevaliers desdits ordres in-folio reliez en veau brun, avec les armes du Roy sur le plat, à raison de cinq livres chaque volume, font la somme de   60 livres.

Pour douze exemplaires des statuts de l'ordre du Saint-Esprit in-4 reliez en maroquin rouge, dorés sur tranche, avec les armes du Roy sur le plat et aux quatre coins le Saint-Esprit et la roulette royalle, alentour dudit plat, à raison de douze livres chaque volume, font la somme de   144 livres.

Pour douze exemplaires des statuts de l'ordre de Saint-Michel, aussi in-4 reliez en veau brun et dorés sur tranche, avec trois filets d'or et les armes du Roy sur le plat, à raison de sept livres pour chaque volume, font la somme de

84 livres.

Plus, pour avoir relié un catalogue desdits chevaliers des ordres en maroquin rouge, doré sur tranche, avec les susdites armes du Roy, le Saint-Esprit et la roulette sur le plat, pour Monseigneur le prince des Asturies, la somme de   20 livres.

Total   308 livres.

(*A la suite.*) Je prie Monsieur Orry, commandeur et grand trésorier des ordres du Roy, de faire payer par M. Chuppin, trésorier du Marc d'Or, à Tiger, relieur, la somme de trois cens huit livres, pour les reliures des livres, mentionnées cy-dessus.

Fait à Paris, le vingt-septième de janvier mil sept cent quarante-quatre.

(*Signé*) : ARNAULD DE POMPONNE.

(*A la suite.*) Bon à payer par M. Chuppin.
29 janvier 1744.

(*Signé*) : ORRY.

(*A la suite.*) Receu de Monseigneur le grand trésorier des ordres du Roy la somme de trois cent huit livres cy-dessus.

Fait à Paris, le trois février mil sept cent quarante-quatre.

(*Signé*) : TIGER.

(Original. — Bibl. Nat., Ms. Cl. 1272, fol. 211 r° et v°. — La mention de cette dépense se trouve dans le Compte de la

Grande Trésorerie des ordres du Roi pour 1743, même Ms., fol. 38 v° et 39 r°).

1745

68. — *G.-J.-B. Tiger, statuts, livres de prières et catalogues du Saint-Esprit et statuts de Saint-Michel.*

Mémoire des relieures de statuts, livres de prières et catalogues de Messeigneurs les chevaliers et commandeurs de l'ordre du Saint-Esprit et de statuts de l'ordre de Saint-Michel, faites par Tiger, relieur, du commandement de Monseigneur l'abbé de Pomponne, commandeur et chancelier des ordres du Roy, et livrez le 4 avril 1745, à M. Clairambault, généalogiste desdits ordres.

Pour douze exemplaires des statuts de l'ordre du Saint-Esprit, reliés en maroquin rouge et dorés sur tranche, avec les armes et la roulette du Roy et le Saint-Esprit aux 4 coins, à 12 livres le volume, monte à   144 livres.

Pour douze livres de prières reliés en maroquin rouge et dorés sur tranche, avec la croix de chevalier au milieu et un filet d'or alentour, à 4 livres le volume, monte à   48 livres.

Pour douze exemplaires de catalogues de Messeigneurs les chevaliers et commandeurs de l'ordre du Saint-Esprit, reliés en veau brun, avec les armes du Roy au milieu, à 5 livres chaque volume, monte à   60 livres.

Plus, pour douze exemplaires de statuts de l'ordre de Saint-Michel, reliez en veau brun et dorés sur tranche, avec les armes du Roy au milieu et 3 filets d'or autour, à 7 livres le volume, monte à   84 livres.

Total   336 livres.

(*A la suite.*) Je prie Monsieur Orry, commandeur et grand trésorier des ordres du Roy, de faire payer par M..., trésorier du Marc d'Or et desdits ordres en exercice, à Tiger, pour les relieures mentionnées au présent mémoire, la somme de trois cent trente-six livres.

Fait à Paris, le vingt du mois d'avril mil sept cent quarante-cinq.

(*Signé*) : ARNAULD DE POMPONNE.

(*A la suite.*) Bon à payer par M. Chuppin.
Ce 23 avril 1745.

(*Signé*) : ORRY.

(*A la suite.*) Receu de Monseigneur le grand trésorier par les mains de M. Chuppin, trésorier du Marc d'Or, la somme de trois cent trente-six livres mentionnée cy-dessus.

A Paris, ce vingt-sixième avril 1745.

(*Signé*) : TIGER.

(Original. — Bibl. Nat., Ms. Cl. 1273, fol. 169 r° et v°. — La
   mention de cette dépense se trouve dans le Compte de la
   Grande Trésorie des ordres du Roi pour 1745, même Ms.,
   fol. 15 r°).

1745

69 — *G.-J.-B. Tiger, catalogue des chevaliers du Saint-
Esprit et statuts de Saint-Michel.*

Mémoire de reliure faite par Tiger, du commandement de Monseigneur l'abbé de Pomponne, chancelier des ordres du Roy, le 29 juillet 1745.

Pour avoir relié un catalogue de Messieurs les chevaliers du Saint-Esprit en maroquin rouge, doré sur tranche, les armes du Roy et le Saint-Esprit aux quatre coins, avec une petite dentelle d'or autour, la somme de vingt livres. Cy,   20 livres.

Plus, pour avoir relié aussi en maroquin rouge les statuts de l'ordre de Saint-Michel, doré sur tranche, les armes du Roy sur le plat, avec quatre fleurs de lis aux quatre coins et trois filets d'or autour. Pour cecy,   12 livres.

Total   32 livres.

(*A la suite.*) Je prie Monsieur Orry, grand trésorier des ordres du Roy, de faire payer par M. Chupin, trésorier

du Marc d'Or desdits ordres, la somme de trente-deux
livres à Tiger, pour la relieure des deux volumes mentionnés cy-dessus, destinés à M. le duc de Modène,
nommé chevalier des ordres de Sa Majesté.

Fait à Paris, le cinq du mois d'aoust mil sept cent
quarante-cinq.

(*Signé*) : ARNAULD DE POMPONNE.

(*A la suite.*) Bon à payer par M. Chupin.
Ce 5 aoust 1745.

(*Signé*) : ORRY.

(*A la suite.*) Pour acquit.
A Paris, ce dix aoust 1745.

(*Signé*) : TIGER.

(Original. — Bibl. Nat., Ms. Cl. 1273, fol. 171 r° et v°. — La
mention de cette dépense se trouve dans le Compte
de la Grande Trésorerie des ordres du Roi pour 1745,
même Ms., fol. 15 r°).

1746

70. — *G.-J.-B. Tiger, boîtes pour conserver les*
preuves de noblesse des chevaliers des ordres et les
Comptes de la Grande Trésorerie.

Mémoire des boestes faites et fournies le 4 du mois
d'avril 1746 par le nommé Tiger, relieur, en vertu du
commandement de Monseigneur l'abbé de Pomponne,
commandeur et chancelier des ordres du Roy, pour la
conservation des preuves de noblesse des chevaliers et
des Comptes de la Grande Tresorerie des mêmes ordres,
qui sont dans le greffe.

Pour dix-huit boestes d'environ seize à 17 pouces de haut,
sur onze de large et 3 d'épaisseur et pour 6 autres plus larges
de 2 pouces que ces 18, toutes couvertes de vélin verd, avec
dorures et des crochets de cuivre pour leur fermeture, à cinq

livres chacune, l'une portant l'autre, cela monte à la somme
de cent vingt livres. Cy,   120 livres.
  Plus, pour le port desdites boestes audit greffe,   2 livres.

                                         Total   122 livres.

  (*A la suite.*) Je prie Monsieur Orry, commandeur et
grand trésorier des ordres du Roy, de faire payer par
M..., trésorier du Marc d'Or et desdits ordres, à Tiger,
relieur, la somme de cent vingt-deux livres pour le
contenu au présent mémoire.

  Fait à Paris, le dix-septième jour du mois d'avril
mil sept cent quarante-six.

            (*Signé*) : L'ABBÉ DE POMPONNE.

  (*A la suite.*) Bon à payer par M. Chupin.
  A La Chapelle, ce 10 may 1746.

                (*Signé*) : ORRY.

  (*A la suite.*) Receu de Monseigneur le grand trésorier,
par les mains de Monsieur Chupin, le contenu au
mémoire cy-dessus.

  A Paris, le 19e may 1746.

             (*Signé*) : TIGER.

(Original. — Bibl. Nat., Ms. Cl. 1273, fol. 173 r° et v°. — La
    mention de cette dépense se trouve dans le Compte de la
    Grande Trésorerie des ordres du Roi pour 1745, même
    Ms., fol. 15 r°).

1747

71. — *G.-J.-B. Tiger, statuts et livres de prières*
du Saint-Esprit.

  Mémoire des reliures de statuts et livres de prière de
Messeigneurs les chevaliers et commandeurs de l'ordre
du Saint-Esprit, faites par Tiger, relieur, du commandement de Monseigneur l'abbé de Pomponne, commandeur et chancelier des ordres du Roy, et livrés le 6 de

janvier 1747 à Mr Clairambault, généalogiste desdits ordres.

Pour douze exemplaires des statuts de l'ordre du Saint-Esprit reliés en maroquin rouge et dorés sur tranche, avec les armes et la roulette du Roy et le Saint-Esprit aux quatre coins, à douze livres le volume, cela monte à cent quarante-quatre livres. Cy, 144 livres.

Plus, pour douze livres de prières reliés en maroquin rouge et dorés sur tranche, avec la croix de chevalier au milieu et un filet d'or à l'entour, à quatre livres le volume, monte à 48 livres.

Total 192 livres.

(*A la suite.*) Je prie Monsieur Orry, commandeur et grand trésorier des ordres du Roy, de faire payer par M..., trésorier du Marc d'Or et desdits ordres en exercice, à Tiger, pour les reliures mentionnées au présent mémoire, la somme de cent quatre-vingt-douze livres.

Fait à Paris, le 8e jour du mois de janvier mil sept cent quarante-sept.

(*Signé*) : L'ABBÉ DE POMPONNE.

(*A la suite.*) Bon à payer par M. de Beaumois.
A Paris, ce 13 janvier 1747.

(*A la suite.*) Receu de M. de Beaumois les cent quatre-vingt-douze livres mentionnés cy-dessus.

(*Signé*) : TIGER.

(Original. — Bibl. Nat., Ms. Cl. 1273, fol. 417 r°. — La mention de cette dépense se trouve dans le Compte de la Grande Trésorerie des ordres du Roi pour 1746, même Ms., fol. 208 r° et v°).

1747

72. — *G.-J.-B. Tiger, statuts, livres de prières et catalogues des chevaliers du Saint-Esprit et statuts de Saint-Michel.*

Mémoire des reliures de statuts, livres de prières et

catalogues de Messeigneurs les chevaliers et commandeurs de l'ordre du Saint-Esprit et de statuts de l'ordre de Saint-Michel, faites par Tiger, relieur, du commandement de Monseigneur l'abbé de Pomponne, commandeur et chancelier des ordres du Roy, et livrées le 1ᵉʳ de novembre 1747 à Mʳ de Clairambault, généalogiste desdits ordres.

Pour six exemplaires des statuts de l'ordre du Saint-Esprit reliés en maroquin rouge et dorés sur tranche, avec les armes et roulette du Roy et le Saint-Esprit aux 4 coins, à 12 livres le volume, cela monte à 72 livres. Cy.   72 livres.

Pour six exemplaires de livres de prières reliez en maroquin rouge et dorés sur tranche, avec la croix de chevalier au milieu et un filet d'or alentour, à 4 livres chacun, cela fait,   24 livres.

Pour six volumes des catalogues des chevaliers et commandeurs des ordres du Roy reliez en veau brun, avec les armes du Roy au milieu, à 5 livres chaque volume,   30 livres.

Et pour 6 exemplaires des statuts de l'ordre de Saint-Michel reliés en veau brun, dorés sur tranche, avec les armes du Roy au milieu et 3 filets d'or, à 7 livres chaque volume, cela monte à quarante-deux livres. Cy.   42 livres.

                                        Total   168 livres.

(*A la suite.*) Je prie Monsieur de Machault, commandeur et grand trésorier des ordres du Roy, de faire payer par Mʳ Chupin, trésorier du Marc d'Or et desdits ordres en exercice, à Tiger, relieur, pour les reliures par lui faites, mentionnées au présent mémoire, la somme de cent soixante-huit livres.

A Paris, le 26 du mois de décembre mil sept cent quarante-sept.

                    (*Signé*) : L'ABBÉ DE POMPONNE.

(*A la suite.*) Bon à payer par M. Chupin.

Le 3 janvier 1748.

                    (*Signé*) : MACHAULT.

(*A la suite.*) Receu le contenu de l'autre part.

A Paris, ce six janvier 1748.

(*Signé*) : TIGER.

(Original. — Bibl. Nat., Ms. Cl. 1274, fol. 169 r° et v°. — La mention de cette dépense se trouve dans le Compte de la Grande Trésorerie des ordres du Roi pour 1747, même Ms., fol. 22 r°).

1748

73. — G.-J.-B. Tiger, règlements du Marc d'Or.

Mémoire de ce qui est deub à Tiger, relieur ordinaire de l'ordre du Saint-Esprit.

Sept volumes in-quarto du nouveau règlement concernant le Marc d'Or, reliés en maroquin rouge, doré sur tranche, les armes du Saint-Esprit aux quatre coings, les armes du Roy au milieu et une petite dentelle d'or autour, à raison de douze livres le volume. Cy,   84 livres.

Six autres volumes in-quarto du mesme règlement, reliés simplement en veau, avec un petit filet, à raison de quarante sols chaque volume. Cy,   12 livres.

96 livres.

(*A la suite.*) Je prie Monsieur de Machault, commandeur et grand trésorier des ordres du Roy, de faire payer par M. de Beaumois, trésorier du Marc d'Or et desdits ordres, au sieur Tiger la somme de quatre-vingt-seize livres, pour les relieures du nouveau règlement du Marc d'Or, mentionnées au mémoire cy-dessus, laquelle somme sera passée et allouée en la dépense des Comptes de la Grande Trésorerie en raportant le présent quittancé.

A Paris, ce 27 aoust mil sept cent quarante-huit.

(*Signé*) : L'ABBÉ DE POMPONNE.

(*A la suite.*) Bon à payer par M. de Beaumois.
5 décembre 1748.

(Signé) : MACHAULT.

(*A la suite.*) Receu le contenu au mémoire de l'autre part.

A Paris, ce deux septembre 1748.

(Signé) : TIGER.

(Original. — Bibl. Nat., Ms. Cl. 1274, fol. 483 r° et v°. — La mention de cette dépense se trouve dans le Compte de la Grande Trésorerie des ordres du Roi pour 1748, même Ms., fol. 198 r° et v°).

1749

74. — *G.-J.-B. Tiger, statuts et livres de prières du Saint-Esprit.*

Mémoire des reliures de statuts de l'ordre du Saint-Esprit et de livres de prières pour Messeigneurs les chevaliers des ordres du Roy, faites par Tiger, relieur, du commandement de Monseigneur l'abbé de Pomponne, commandeur et chancelier des mêmes ordres, et livrez à Mr Clairambault, généalogiste desdits ordres, le 26 de janvier 1749.

Pour douze exemplaires des statuts de l'ordre du Saint-Esprit reliez en maroquin rouge et dorés sur tranche, avec les armes et la roulette du Roy et le Saint-Esprit aux quatre coins, à douze livres le volume, cela monte à cent quarante-quatre livres. Cy, 144 livres.

Plus, pour 24 livres de prières reliés en maroquin rouge et dorés sur tranche, avec la croix de chevalier au milieu et un filet d'or alentour, à quatre livres chaque volume, monte à quatre-vingt-seize livres. Cy, 96 livres.

Total 240 livres.

(*A la suite.*) Je prie Monsieur de Machault, commandeur et grand trésorier des ordres du Roy, de faire payer par M. Chuppin, trésorier du Marc d'Or et desdits ordres en exercice, à Tiger, pour les reliures mentionnées au présent mémoire, la somme de deux cent quarante livres.

Fait à Paris, le trentième jour du mois de janvier mil sept cent quarante-neuf.

(*Signé*) : ARNAULT DE POMPONNE.

(*A la suite.*) Bon à payer par M. Chuppin.
A Paris, le 6 février 1749.

(*Signé*) : MACHAULT.

(*A la suite.*) Pour acquit.

(*Signé*) : TIGER.

(Original. — Bibl. Nat. Ms. Cl. 1275, fol. 217 rº et vº. — La mention de cette dépense se trouve dans le Compte de la Grande Trésorerie des ordres du Roi pour 1749, même Ms., fol. 17 vº).

1750

75. — *G.-J.-B. Tiger, catalogues des chevaliers et commandeurs du Saint-Esprit.*

Mémoire des reliures faites par Tiger, relieur, par commandement de Monseigneur l'abbé de Pomponne, commandeur et chevalier des ordres du Roy, et livrées à Mᵉ de Clairambault, généalogiste desdits ordres, le 30ᵉ mars 1750.

Pour douze exemplaires des catalogues de Messeigneurs les chevaliers et commandeurs de l'ordre du Saint-Esprit reliés en veau brun, avec les armes du Roy au milieu, à cinq livres chaque volume, cela monte à   60 livres.

(*A la suite.*) Je prie Monsieur de Machault, commandeur et grand trésorier des ordres du Roy, de faire payer par M. de Beaumois, trésorier du Marc d'Or et desdits ordres en exercice, à Tiger, relieur, pour les reliures par lui faites des catalogues mentionnés au présent mémoire, la somme de soixante livres.

Fait à Paris, le seiziesme jour du mois d'avril mil sept cent cinquante.

(Signé) : L'Abbé de Pomponne.

(*A la suite.*) Bon à payer par M. de Beaumois.

A Paris, ce 23 avril 1750.

(Signé) : Machault.

(*A la suite.*) Receu de M. de Beaumois les soixante livres mentionnées en l'ordonance cy-dessus.

A Paris, ce 24 avril 1750.

(Signé) : Tiger.

(Original. — Bibl. Nat., Ms. Cl. 1276, fol. 169 r°. — Copie du XVIIIe siècle, Ms. Cl. 1200, fol. 1 r°. — La mention de cette dépense se trouve dans le Compte de la Grande Trésorerie des ordres du Roi pour 1750, même Ms., fol. 13 v° et 14 r°).

1751

76. — *G.-J.-B. Tiger* (?), *règlements du Marc d'Or.*

De la somme de trente-six livres remboursée audit sieur de Beaumois, pour trois exemplaires du nouveau règlement du Marc d'Or, relié en maroquin rouge et doré sur tranche, suivant le mandement de M. l'abbé de Pomponne du 20 novembre 1751, quittancé, cy-raportée. Cy,   xxxvi livres.

Compte de la Grande Trésorerie des ordres du Roi pour 1751, Bibl. Nat., Ms. Cl. 1276, fol. 198 v°).

1752

77. — *G.-J.-B. Tiger, statuts et livres de prières du Saint-Esprit.*

Mémoire de reliures de statuts de l'ordre du Saint-Esprit et de livres de prières pour Messeigneurs les chevaliers et commandeurs des Ordres du Roy, faites par Tiger, relieur, du commandement de Monseigneur l'abbé de Pomponne, commandeur et chancelier des mêmes ordres, et livrés à Mr Clairembault, généalogiste desdits ordres, le 26 novembre 1752.

Pour six exemplaires des statuts de l'ordre du Saint-Esprit reliés en maroquin rouge et dorés sur tranche, avec les armes et la roulette du Roy et le Saint-Esprit aux quatre coins, à douze livres le volume, cela monte à soixante et douze livres. Cy,   72 livres.

Plus, pour douze livres de prières reliés en maroquin rouge et dorés sur tranche, avec la croix de chevalier au milieu et un filet d'or alentour, à quatre livres chaque volume, pour ce, quarante-huit livres. Cy,   48 livres.

               Total   120 livres.

(*A la suite.*) Je prie Monsieur de Machault, ministre d'État, garde des sceaux de France, commandeur et grand trésorier des ordres du Roy, de faire payer par M. de Beaumois, trésorier général du Marc d'Or et desdits ordres, au sieur Tiger, relieur, la somme de cent vingt livres pour les contenu du mémoire de l'autre part, laquelle somme sera passée au Compte de la Grande Trésorerie desdits ordres.

Fait à Paris, ce cinq décembre mil sept cent cinquante-deux.

        (*Signé*) : ARNAULT DE POMPONNE.

(*A la suite.*) Bon à payer par M. de Beaumois. Le 6 mars 1753.

        (*Signé*) : MACHAULT.

(*A la suite.*) Pour acquit.

        (*Signé*) : TIGER.

(Original. — Bibl. Nat., Ms. Cl. 1276, fol. 386 r° et v°. — La
mention de cette dépense se trouve dans le Compte de
la Grande Trésorerie des ordres du Roi pour 1752, même
Ms., fol. 218 r°).

1753

78. — *G.-J.-B. Tiger, statuts et livres de prières du Saint-Esprit.*

Mémoire concernant la reliure de statuts de l'ordre du
Saint-Esprit et de livres de prières pour Messeigneurs
les chevaliers et commandeurs des ordres du Roy, faite
par Tiger, relieur, du commandement de Monseigneur
l'abbé de Pomponne, commandeur et chancelier des
mêmes ordres, et livrés à Mr Clairambault, généalogiste
desdits ordres, le 15e avril 1753.

Pour douze exemplaires des statuts de l'ordre du saint-
Esprit reliés en maroquin rouge et dorés sur tranche, avec
les armes et la roulette du Roy au milieu et le Saint-Esprit
au quatre coins, à douze livres le volume, cela monte à cent
quarante-quatre livres. Cy,   144 livres.

Pour douze livres de prières reliez en maroquin rouge et
dorés sur tranche, avec la croix de chevalier au milieu et un
filet d'or alentour, à quatre livres chaque volume, monte à
quarante-huit livres. Cy.   48 livres.

Total   192 livres.

(*A la suite*). Je prie Monsieur de Machault, ministre
d'Etat, garde des sceaux de France, commandeur et
grand trésorier des ordres du Roy, de faire payer par
M. Chuppin, trésorier général du Marc d'Or et desdits
ordres, à Tiger, relieur, la somme de cent quatre-vingt-
douze livres pour le contenu au mémoire de l'autre part,
laquelle somme sera passée au Compte de la Grande
Trésorerie en raportant le présent quittancé dudit Tiger.

Fait à Paris, ce trois may mil sept cent cinquante-
trois.

(*Signé*) : L'ABBÉ DE POMPONNE.

(*A la suite*.) Bon à payer par M. Chuppin.

A Versailles, le 13 may 1753.

(Signé) : MACHAULT.

(*A la suite*.) Je reconois avoir resus (*sic*) des main (*sic*) de Monsieur Chupin la somme de cent quatre-vingt-douze livres.

Ce cinq julliet mille sept cent cinquante-trois.

(Signé) : TIGER.

(Original. — Bibl. Nat., Ms. Cl. 1277, fol. 222 rº et vº. — La mention de cette dépense se trouve dans le Compte de la Grande Trésorerie des ordres du Roi pour 1753, même Ms., fol. 23 vº).

1754

79. — *G.-J.-B. Tiger, statuts de Saint-Michel.*

Mémoire des reliures faites par Tiger, relieur, par ordre de Monseigneur l'abbé de Pomponne, commandeur et chancelier des ordres du Roy, et livrez le 1ᵉʳ décembre 1754.

Pour douze exemplaires des statuts de l'ordre de Saint-Michel reliés en veau brun et dorés sur tranche, avec les armes du Roy au milieu et trois filets d'or autour, à sept livres le volume, monte à   84 livres.

(*A la suite*.) Je prie Monsieur Rouillé, ministre et secrétaire d'État, commandeur et grand trésorier des ordres du Roy, de faire payer par M. de Beaumois, trésorier général du Marc d'Or et desdits ordres, au nommé Tiger, relieur, la somme de quatre-vingt-quatre livres pour le contenu au mémoire cy-dessus, laquelle somme sera passée au Compte de la Grande Trésorerie, en rapportant le présent mandement et la quittance dudit Tiger.

A Paris, ce huit décembre 1754.

(Signé) : L'ABBÉ DE POMPONNE.

(*A la suite.*) Bon à payer par M⁰ Beaumois.
Versailles, le 23 décembre 1754.

(*Signé*) : ROUILLÉ.

(*A la suite.*) Receu le contenu au mémoire cy-dessus.
A Paris, ce 27 janvier 1755.

(*Signé*) : TIGER.

(Original. — Bibl. Nat., Ms. Cl. 1278, fol. 208 rᵒ. — La mention
de cette dépense se trouve dans le Compte de la Grande
Trésorerie des ordres du Roi pour 1754, même Ms., fol.
26 vᵒ).

1756

80. — G.-J.-B. Tiger, statuts et livres de prières du
Saint-Esprit.

Mémoire de relieures de statuts de l'ordre du Saint-
Esprit et de livres de prière pour Messeigneurs les chevaliers et commandeurs des ordres du Roy, faites par
Tiger, relieur, du commandement de Monseigneur le
comte de Saint-Florentin, commandeur et chancelier des
mêmes ordres, et livrés à Mᶜ Clairambault, généalogiste
desdits ordres, le 14 d'aoust 1756.

Pour douze exemplaires des statuts de l'ordre du Saint-
Esprit reliés en maroquin rouge et dorés sur tranche, avec
les armes et la roulette du Roy autour et au milieu, et le
Saint-Esprit aux 4 coins, à douze livres le volume, cela monte
à cent quarante-quatre livres. Cy,   144 livres.
Plus, vingt-quatre livres de prières reliés en maroquin
rouge et dorés sur tranche, avec la croix de chevalier au
milieu et un filet d'or alentour, à quatre livres chaque
volume, pour ce, quatre-vingt-seize livres. Cy,   96 livres.

Total   240 livres.

(*A la suite.*) Je prie Monsieur Rouillé, commandeur et
grand trésorier des ordres du Roy, de faire payer par
Mᶜ de Beaumois, trésorier général du Marc d'Or et des-

dits ordres, au sieur Tiger, rellieur, la somme de deux cent quarante livres pour le contenu au présent mémoire, laquelle somme sera passée au Compte de la Grande Trésorerie des ordres.

Fait à Paris, le seizième jour d'aoust mil sept cent cinquante-six.

(Signé) : PHILIPPEAUX.

(A la suite.) Bon à payer par M. de Beaumois, dont il luy sera tenu compte.

A Versailles, le 6 septembre 1756.

(Signé) : ROUILLÉ.

(A la suite.) Pour acquit.

(Signé) : TIGER.

(Original. — Bibl. Nat., Ms. Cl. 1279, fol. 205 r°. — La mention de cette dépense se trouve dans le Compte de la Grande Trésorerie des ordres du Roi pour 1756, même Ms., fol. 15 v° et 16 r°).

1758

81. — G.-J.-B. Tiger, statuts du Saint-Esprit et de Saint-Michel et livres de prières du Saint-Esprit (?)

Mémoire de relieures de statuts des ordres du Saint-Esprit et de Saint-Michel et de livres de prières pour Messeigneurs les chevaliers et commandeurs des ordres du Roy, faites par Tiger, relieur, du commandement de Monseigneur le comte de Saint-Florentin, commandeur et chancelier des mêmes ordres, et livrés à M. Clairambault, généalogiste desdits ordres, le 3 septembre 1758.

Pour douze exemplaires des statuts de l'ordre du Saint-Esprit reliés en maroquin rouge, dorés sur tranche, avec les armes et la roulette du Roy autour et au milieu, et le Saint-Esprit aux quatre coins, à douze livres le volume, monte à cent quarante-quatre livres. Cy,   144 livres.

Plus, douze exemplaires des statuts de l'ordre de Saint-

Michel reliés en veau, dorés sur tranche, 3 filets et les armes
du Roy d'or, à sept livres le volume, montent à quatre-vingt-
quatre livres. Cy,   84 livres.

Plus, vingt-quatre livres de prières reliés en maroquin
rouge et dorés sur tranche, avec la croix de chevalier au
milieu et un filet d'or alentour, à quatre livres chaque
volume, monte à quatre-vingt-seize livres. Cy,   96 livres.
                                        Total   344 (*sic*) l.

(*A la suite.*) Je prie Monsieur le marquis de Paulmy,
commandeur et grand trésorier des ordres du Roy, de
faire payer par Mr de Beaumois, trésorier général du
Marc d'Or et desdits ordres, au sieur Tiger, relieur, la
somme de trois cent quarante-quatre livres pour le contenu au présent mémoire, laquelle somme sera passée au
Compte de la Grande Trésorerie desdits ordres.

Fait à Paris, le 4e jour de septembre 1758.

                        (*Signé*) : PHILIPPEAUX.

(*A la suite.*) Bon à payer par Mr de Beaumois.

                (*Signé*) : R. DE VOYER DE PAULMY.

(*A la suite.*) Pour acquit de trois cent quarante-quatre
livres mentionnés en l'ordonnance cy-dessus.

A Paris, ce jour d'uy, 13 septembre 1758.

                        (*Signé*) : TIGER.

Original. — Bibl. Nat., Ms. Cl. 1280, fol. 371 r° et v°. — La
     mention de cette dépense se trouve dans le Compte de la
     Grande Trésorerie des ordres du Roi pour 1758, même
     Ms., fol. 23 v°.

1763

82. — *G.-J.-B. Tiger, statuts du Saint-Esprit et de Saint-*
     Michel, livres de prières du Saint-Esprit, histoires de
     l'Académie et généalogies des princes de l'Europe.

Mémoire des ouvrages de reliures des livres de l'ordre
faits par Tiger, relieur et doreur, de l'ordre reçu de Mon-

sieur Boujon, par les ordres de Monseigneur le comte de Saint-Florentin.

Premièrement.

24 statuts de l'ordre du Saint-Esprit in-quarto, grand papier, reliés en maroquin rouge, dorés sur tranches, les armes du Roy au milieu, aux quatre coins un Saint-Esprit, le dos et la bordure, le tout en or, à raison de 12 livres le volume, font la somme de   288 livres.

Plus, 24 prières de l'ordre reliées en maroquin rouge, la croix de l'ordre au milieu, trois filets d'or et dorés sur tranches, à raison de 4 livres le volume, font   96 livres.

Plus, 25 statuts de l'ordre de Saint-Michel reliés en veau, dorés sur tranches, les armes du Roy au milieu, trois filets d'or, volume in-quarto grand papier, à raison de 7 livres le volume, font   175 livres.

Plus, quatre histoires de l'Académie in-quarto reliés en veau, trois filets d'or, le chiffre du Roy aux quatre coins et la croix de l'ordre sur le dos desdits livres, à raison de 4 livres le volume,   16 livres.

Plus, 8 généalogies des princes de l'Europe, en allemand, in-octavo, relié en veau, trois filets d'or, le chiffre du Roy aux quatre coins et la croix de l'ordre sur le dos desdits livres, à raison de 40 sols le volume,   16 livres.
                                                  ____
                                                  591 livres.

(*A la suite.*) Je prie Monsieur de Bertin, controlleur général des Finances, commandeur, grand trésorier des ordres du Roy, de faire payer par M. Chuppin, trésorier général du Marc d'Or et desdits ordres, à Tiger, relieur, la somme de cinq cent quatre-vingt-onze livres pour le contenu du mémoire de l'autre part, laquelle somme sera passée au Compte de la Grande Trésorerie en rapportant le présent quittancé dudit Tiger.

Fait à Paris, le 5 septembre 1763.

                              (*Signé*) : St FLORENTIN.

(*A la suite.*) Bon à payer.

                                   (*Signé*) : BERTIN.

(*A la suite.*) Reçu le contenu du présent mémoir (*sic*).
Fait à Paris, ce jour d'uy, 15 septembre 1763.

(Signé) : G.-J.-B. TIGER.

(Original. — Bibl. Nat., Ms. Cl. 1285, fol. 190 r° et v°. — La
mention de cette dépense se trouve dans le Compte de
la Grande Trésorerie des Ordres du Roi pour 1763, même
Ms., fol. 18 r°).

1768-1770

83. — G.-J.-B. Tiger, statuts du Saint-Esprit
et de Saint-Michel, livres de prières du Saint-Esprit
et ouvrages divers.

Mémoire des ouvrages faits par Tiger, relieur, pour le
Cabinet de l'ordre du Saint-Esprit (*En marge.*) Donné en
aoust 1770.

Année 1768.

12 statuts de l'ordre du Saint-Esprit reliés en maroquin
rouge, dorés sur tranche, avec une roulette du Roy, les armes
de Sa Majesté au milieu et un Saint-Esprit aux 4 coins, à
raison de 12 livres le volume,   144 livres.

12 statuts de l'ordre de Saint-Michel reliés en veau, dorés
sur tranche, avec les armes du Roy au milieu, à 7 livres le
volume.   84 livres.

24 livres de prières de l'ordre du Saint-Esprit reliés en
maroquin rouge, dorés sur tranche, avec trois filets d'or sur
le plat et au milieu la croix de l'ordre, à 4 livres le volume.
                                                  96 livres.

3 volumes de gazettes, années 1765, 1766 et 1767, reliés en
veau, à 2 livres le volume,   6 livres.

1 volume des statuts de l'ordre de Saint-Michel relié en
maroquin rouge, doré sur tranche, avec trois filets d'or sur
le plat, les armes du Roy au milieu et 4 fleurs de lys aux
quatre coins.   12 livres.

Année 1769.

5 volumes des anciens registres, cottés Θ, X. O, 39 et 40,
in-folio, très vieux, dont il a fallu rassembler les lettres et y
coller des bandes de papier presque à chaque page, pour

soutenir les morceaux déchirés, reliés en veau, à 9 livres le volume,	15 livres.

10 volumes des généalogies, cottés 2, 19, 23, 25, 33, 36, 37, 38, 53 et 54, in-folio, très vieux, reliés en veau comme les précédents,	90 livres.

6 volumes des anciens registres cottés N, ∞, trèfle, rosace, ∽ et O, in-folio, très vieux, reliés en veau comme les précédents,	54 livres.

11 volumes manuscrits de M. l'abbé le Laboureur, in-folio, très vieux, reliés en veau comme les précédents,	99 livres.

34 volumes de mélanges, cottés 183, 186, 517, 546, 547, 548, 549, 550, 551, 552, 553, 554, 555, 556, 557, 558, 559, 560, 561, 562, 563, 564, 565, 755, 757, 758, 759, 760, 761, 762, 763, 764, 765 et 766, in-folio, très vieux, reliés en veau comme les précédents,	306 livres.

1 volume cotté B, in-folio, très vieux, relié en veau comme les précédents,	9 livres.

1 volume des généalogies de Bretagne, en veau, in-folio,	7 livres.

Histoire de la maison de Montmorency, 1 volume in-folio, relié en veau,	7 livres.

Science héroïque, 1 volume in-folio, relié en veau, 6 livres.

Science des armoiries, 1 volume in-folio, relié en veau.	6 livres.

Généalogie des maisons d'Espagne par Imhoff, 1 volume in-folio,	6 livres.

Histoire du Comté Venaissin, in-4, tomes 3 et 4,	6 livres.

Traité de la noblesse, par la Roque, un volume in-4, 3 livres.

Mémoires du marquis de Feuquières, 1 volume in-4, 3 livres.

Nobiliaire de Picardie, par Rousseville, grand atlas, 20 livres.

Mémoires de l'ancienne chevalerie, 1 volume in-4,	3 livres.

Tutèle des rois de France, 1 volume in-4,	3 livres.

Armorial de Chevillard, 1 volume in-12,	1 livre.

Nobiliaire de Picardie d'Haudiquier, 1 volume in-4, 3 livres.

Histoire de Louis XI par M. du Clos, 3 volumes in-12, 3 livres.

Traité des fiefs, par Brussel, 2 volumes in-4,	6 livres.

Histoire de la maison de Luxembourg, 1 volume in-8,	1 livre 10 sols.

4 volumes des causes célèbres, cottés 5, 6, 7 et 8, in-12,	4 livres.

Mémoires de Clermont Montglas, 4 volumes in-8,	6 livres.

Mémoires de Joly, 1 volume in-8,	1 livre 10 sols.

Mémoires de Motteville, 5 volumes in-8,   7 livres 10 sols.
Histoire du duc de Bouillon, 3 volumes in-12,   3 livres.
Histoire de François I, 2 vol. in-4,   6 livres.
6 volumes de calendriers allemands, in-8,   9 livres.
Armorial de Champagne, grand atlas, 2 volumes, 38 livres.

12 volumes des statuts de l'ordre de Saint-Michel reliés en veau, dorés sur tranche, avec les armes du Roy au milieu, à 7 livres le volume,   84 livres

24 livres de prières de l'ordre du Saint-Esprit reliés en veau fauve, dorés sur tranche, avec un filet d'or sur le plat et la croix de l'ordre au milieu, à 2 livres 10 sols le volume,   60 livres.

Mémoires de Villars, 3 volumes in-12,   3 livres.
Mémoires de Mlle de Montpensier, 3 volumes in-12, 3 livres.
Mémoires de Choisy, 1 volume in-12,   1 livre.
Mémoires de la Colonie, 2 volumes in-12,   2 livres.
Mémoires pour l'histoire de France, 2 volumes in-8, 3 livres.
Journal d'Henry III, 2 volumes in-8.   3 livres.
Journal d'Henry IV, 2 volumes in-8,   3 livres.
Généalogie de la maison de Salles, in-folio, 1 volume,   6 livres.
Généalogie de la maison de la Tour-Taxis, in-folio, 1 volume,   6 livres.
Histoire du Japon, 2 volumes in-4,   6 livres.
Histoire de la maison de Vergy, 1 volume in-folio, 6 livres.
Généalogie de la maison de Savonnières, 1 volume in-4,   3 livres.
De optimo genere interpretandi, 1 volume in-4,   3 livres.
Histoire de Charles 12, 1 volume in-12,   1 livre.
Histoire du cardinal de Tournon, 1 volume in-12,   1 livre.

Année 1770.

7 volumes des mémoires de l'Académie des Sciences, in-4,   21 livres.
13 volumes in-12.   13 livres.
2 volumes des Gazettes de France, années 1768 et 1769,   4 livres.
51 volumes de montres, grand in-folio, reliés en parchemin, à 4 livres,   204 livres.
2 volumes de titres scellés in-folio, reliés de même, auxquels il a fallu mettre des onglets pour empêcher les sceaux de se briser, à 5 livres.   10 livres

Ruban pour empêcher les volumes de s'ouvrir, 80 aunes à 2 sols,   8 livres.

                                                          1558 livres 10 sols.

(Original. — Bibl. Nat., Ms. Cl. 1324, fol. 233 r° à 234 v° et brouillon, fol. 235 r° à 236 v°).

1770-1771

84. — *G.-J.-B. Tiger, reliures pour le Saint-Esprit.*

Voulés vous bien, mon cher confrère, donner un acompte de 1000 livres au sieur Tiger pour ses ouvrages de reliure pour l'ordre ; il y a déjà longtems qu'il a présenté son mémoire, attesté de M. Beaujon, mais le Ministre avant d'en ordonner le payement veut sçavoir si ce n'est pas lui seul à le faire. Le sieur Tiger est dans le besoin et la somme que je vous demande pour lui sur son reçu, est au-dessous du montant de son mémoire arrêté.

J'ay l'honneur d'estre, mon cher confrère, votre très humble et très obéissant serviteur.

(*Signé*) : Le Seurre

(*A la suite.*) Reçu la somme de mille livre (*sic*) de M' Caron.

(*Signé*) : G.-J.-B. Tiger.

Paris, 20 décembre 1770.

85. — Je, soussigné, reconnoit (*sic*) avoir reçu de Monsieur Le Seurre la somme de cinq cent cinquante-huit livres pour restant et parfait payement des ouvrages de relieurs (*sic*) que j'ay fait pour l'ordre du Saint-Esprit.

A Paris, ce 1ᵉʳ mars 1771.

(*A la suite.*) Aprouvé l'écritur (*sic*).

(*Signé*) : G.-J.-B. Tiger.

Bon à rembourser.

(*Signé*) : Bertin.

(Originaux. — Bibl. Nat., Ms. Cl. 1289, fol. 207 r° et 209 r°. —
Les mentions de ces dépenses se trouvent dans le Compte
de la Grande Trésorerie des ordres du Roi pour 1770,
même Ms., fol. 13 r°).

1771-1774

86. — *G.-J.-B. Tiger, statuts du Saint-Esprit et de Saint-Michel, livres de prières du Saint-Esprit et volume de la Gazette de France.*

Mémoire des ouvrages de relieures faits par Tiger pour
les ordres du Roi, du commandement de Monseigneur
l'archevêque de Bourges, commandeur, chancelier des
ordres du Roi, livrés à Mr de Beaujon, généalogiste des
ordres du Roi.

Sçavoir.

En 1771, six statuts de l'ordre du Saint-Esprit reliés en
maroquin rouge, dorés sur tranche, avec la roulette du Roi
sur le plat, les armes du Roi au milieu et un Saint-Esprit à
chaque coin, à raison de douze livres chaque. Cy.   72 livres.
Six statuts de l'ordre de Saint-Michel reliés en veau, dorés
sur tranche, à trois filets d'or sur le plat et les armes du Roi
au milieu, à sept livres le volume. Cy.   42 livres.
Dix-huit livres de prières de l'ordre du Saint-Esprit, reliés
en veau fauve, dorés sur tranche, un filet en or sur le plat, la
croix au milieu, à deux livres dix sols le volume. Cy,

45 livres.

Autres livrés à Mr Chérin, généalogiste des ordres.

Sçavoir.

En 1772, six statuts de l'ordre du Saint-Esprit reliés en
maroquin rouge, dorés sur tranche, avec la roulette du Roi
sur le plat, les armes du Roi au milieu et un Saint-Esprit à
chaque coin, à raison de douze livres chaque. Cy.   72 livres.
Six statuts de l'ordre de Saint-Michel reliés en veau, dorés
sur tranche, à trois filets d'or sur le plat et les armes du Roi
au milieu, à sept livres le volume. Cy,   42 livres.

Un livre de prières relié en maroquin rouge, doré sur tranche, un filet en or sur le plat, la croix au milieu, pour les enfans de France.   4 livres.

Un petit livre de prières relié en maroquin jaune, doré sur tranche, un filet sur le plat, la croix au milieu, pour les enfans de France. Cy,   2 livres 10 sols.

En 1774, douze statuts de l'ordre du Saint-Esprit reliés en maroquin rouge, dorés sur tranche, avec la roulette du Roi sur le plat, les armes du Roi au milieu et un Saint-Esprit à chaque coin, à raison de douze livres. Cy,   144 livres.

Douze statuts de l'ordre de Saint-Michel reliés en veau, dorés sur tranche, à trois filets d'or sur le plat et les armes du Roi au milieu. Cy, à raison de sept livres, cy, 82 (sic) livres.

Douze livres de prières de l'ordre du Saint-Esprit reliés en veau fauve, dorés sur tranche, un filet en or sur le plat, la croix au milieu, à deux livres dix sols. Cy,   30 livres.

Un volume de tables de la Gazette de France relié en veau. Cy,   2 livres 10 sols.

Total, cinq cent trente-huit livres.   538 livres.

(*A la suite.*) Je reconois avoir reçu le montent cy-dessu (*sic*).

A Paris, ce jourd'uy, 10 janvier 1775.

(*Signé*) : G.-J.-B. TIGER.
Relieur de l'ordre, place de Cambray.

(Original. — Bibl. Nat., Ms. Cl. 1292, fol. 355 rº à 356 rº. — Double, Ms. Cl. 1224, fol. 86 rº à 87 rº. — L'ordre de payement est dans le Ms. Cl. 1292, au fol. 354 rº. — La mention de cette dépense se trouve dans le Compte de la Grande Trésorerie des ordres du Roi pour 1774, Ms. Cl. 1292, fol. 14 rº).

1777

87. — *G.-J.-B. Tiger, reliures pour les ordres du Roi.*

J'ai reçu de Monsieur Tronchin, trésorier du Marc d'Or, la somme de trois cent soyxentre et neuf [livres], porté en l'ordonnance du dix-huit juillet, pour reliur par moy fait, dont quitance.

A Paris, ce 26 juillet 1777.

(*Signé*) : G.-J.-B. TIGER.

(Original. — Bibl. Nat., Ms. Cl. 1295, fol. 377 rᵒ. — La mention de cette dépense se trouve dans le Compte de la Grande Trésorerie des ordres du Roi pour 1777, même Ms., fol. 14 rᵒ. — L'original de l'ordonnance (en partie imprimée et en partie manuscrite) est au fol. 376 rᵒ).

1778

88. — *G.-J.-B. Tiger, reliures pour les ordres du Roi.*

De la somme de trois cent trente-une livres dix sols payée au sieur Tiger, relieur, pour ouvrages de sa profession par lui faits pour le service desdits ordres, suivant l'ordonnance et quittance ci rapportées.

Ci,   331 livres 10 sols.

(Compte de la Grande Trésorerie des ordres du Roi pour 1778, Bibl. Nat., Ms. Cl. 1296, fol. 10 vᵒ. — L'original de l'ordonnance (en partie imprimée et en partie manuscrite) est au fol. 386 du même Ms).

1783-1786

89. — *G.-J.-B. Tiger, statuts et offices du Saint-Esprit, volumes divers et réparations de reliures.*

Du 15 décembre 1783.

Mémoires des ouvrages de reliures faits par Tiger, relieur de l'ordre du Saint-Esprit, sous le commandement de Monseigneur le chancellier dudit ordre.

3 in-folios reliés en veau, et avoir remis des fonts auxdits trois volumes qui étoient en très mauvais état à 10 livres le volume, font,   30 livres.

18 statuts de l'ordre du Saint-Esprit reliés en maroquin rouge, doré sur tranche, une roulette du Roy sur le plas, avec les armes du Roy au milieu, aux quatre coins un Saint-Esprit, le tout en or, à 12 livres le volume,   216 livres.

36 offices de l'ordre, relié en veau fovre (sic), doré sur tranche, un fil en or, avec la croix de l'ordre au milieu, à 2 livres 10 sols le volume, font,   90 livres.

Un registre in-folio relié en parchemin verd, servant à l'enregistrement des sous-lieutenans.   3 livres.

8 années de gazettes, à 2 livres 10 sols,   20 livres.

Du 26 janvier 1786.

36 offices de l'ordre relié en veau fovre (*sic*), doré sur tranche, un fil en or, avec la croix de l'ordre au milieu, à 2 livres 10 sols,   90 livres.

                                        Total   449 livres.

(*A la suite.*) Visa.

                    (*Signé*) : GEOR. LOUIS PHELYPEAUX,
                              pp. arch. de Bourges.

Bon à payer.

                    (*Signé*) : DE CALONNE.

(*En marge*). Veu et arrêté le présent mémoire à la somme de quatre cent quarante-neuf livres, par nous, intendant des ordres du Roy.

A Paris, ce six février 1786.

                            (*Signé*) : MELIN.

(*A la fin du mémoire.*) J'ai reçu de Monsieur Melin, trésorier particulier de l'ordre du Saint-Esprit, la somme de quatre cent quarante-neuf livres, montant du mémoire de l'autre part, dont quittance.

A Paris, ce 13 février 1786.

                        (*Signé*) : G.-J.-B. TIGER.

(Original. — Bibl. Nat., Ms. Cl. 1303, fol. 453 rᵒ et vᵒ. — La mention de cette dépense se trouve dans le Compte de la Grande Trésorerie des ordres du Roi pour 1785, même Ms., fol. 22 vᵒ et 23 rᵒ).

S. D.

90. — *G.-J.-B. Tiger, statuts du Saint-Esprit et de Saint-Michel, livres de prières du Saint-Esprit (?) et volumes divers.*

Mémoire des ouvrages de reliures et dorures des livres pour l'ordre du Saint-Esprit, reliés du commandement de Monseigneur l'archevêque de Bourges, lesdits ouvrages faits par Tiger, relieur de l'ordre.

Premièrement, trente-deux dos de livre grand in-folio, couverts en parchemin verd, dorés, avec la croix de l'ordre, à deux livres le dos, font soixante-quatre livres. Cy, 64 livres.

Six volumes de Gazette reliés, à deux livres le dos, font
douze livres. Cy,   12 livres.

Douze volumes des statuts de l'ordre du Saint-Esprit, reliés
en maroquin rouge, dorés sur tranche, les armes du Roi au
milieu, le Saint-Esprit aux quatre coins et la roulette du Roi,
à douze livres, font cent quarante-quatre livres.
Cy,   144 livres.

Douze volumes des statuts de l'ordre de Saint-Michel reliés
en veau brun, dorés sur tranche, les armes du Roi au
milieu, à trois filets d'or, à sept livres de volume, font quatre-
vingt-quatre livres. Cy,   84 livres.

Quatorze volumes de prières reliés en veau blanc, dorés
sur tranche, la croix de l'ordre au milieu, un filet d'or, à
deux livres dix sols le volume, font trente-cinq livres. Cy,
                                                   35 livres.

(Original (?). — Bibl. Nat., Ms. Cl., 1224, fol. 90 rº et vº).

AUGUSTIN DUSEUIL

1740

91. — *Statuts et offices du Saint-Esprit.*

Mémoire des reliures que du Seuil, relieur ordinaire
du Roy, a fait et fourny par ordre de Monseigneur l'abé
de Pomponne pour les chevaliers, commandeur de
l'ordre du Saint-Esprit.

Du 31 décembre 1740.

Fourny douze statuts de l'ordre du Saint-
Esprit in-4, grand papier, lavé, réglé, doré,
marbré sur tranche, reliés en maroquin très
propre, dorés sur le maroquin avec les armes
du Roy, le Saint-Esprit aux quatre coings,
que c'est comme autant d'armes qu'il faut
pousser, le dos doré à plein, avec des fleurs
de lys, bords et bordures, à 25 livres le volume, les 12 volumes valent,   300 livres.

à 12 livres
chaque volume,
réduit à 144 livres.

Plus, douze offices du Saint-Esprit in-12
reliez en maroquin, lavés, réglés, dorés, mar-

à 4 livres chaque volume, réduit à 48 livres.
____
Total : 192 livres.

brés sur tranche avec larmes du Saint-Esprit au milieu du plat du livre, dos plein avec des fleurs de lys, bord et bordure, à six livres le volume, les 12 volumes valent,

72 livres.
____
372 livres.

(*A la suite.*) Je prie Monsieur le comte de Maurepas, commandeur et grand trésorier des ordres du Roy, de faire payer au sieur du Seuil, relieur, par Mr Gueffier, trésorier du Marc d'Or en exercice, la somme de cent quatre-vingt-douze livres, à laquelle a été réduit le mémoire cy-dessus.

Fait à Paris, le 23 février 1741.

(*Signé*) : L'ABBÉ DE POMPONNE.

(*A la suite.*) A payer par M. Chuppin.

(*Signé*) : MAUREPAS.

(*A la suite.*) Pour acquit.

(*Signé*) : DUSEUIL (*sic*).

(Original. — Bibl. Nat., Ms. Cl. 1271, fol. 152 r° et v°. — La mention de cette dépense se trouve dans le Compte de la Grande Trésorerie des ordres du Roi pour 1741, même Ms., fol. 21 r° et v°).

JEAN PASQUIN

1761

92. — *Offices de Saint-Michel.*

J'ai reçu de Monsieur Boyer, secrétaire de l'ordre de Saint-Michel, la somme de vingt-sept livres pour la reliure de plusieurs offices de l'ordre de Saint-Michel, pour donner tant à Messieurs les commissaires du Roy qu'aux nouveaux chevaliers, dont quittance.

A Paris, ce 1er janvier 1761.

(*Signé*) : PASQUIN
relieur (*sic*).

(*A la suite.*) Bon pour 27 livres.

(Original. — Bibl. Nat., Ms. Cl. 1282, fol. 380 r°).

Nous avons relevé quelques payements de volumes reliés fournis par des imprimeurs parisiens. Nous ignorons si ceux-ci ont eux-mêmes relié les ouvrages dont il est question.

1593, 1594, 1595, 1596. — Fournitures par Jamet Mestayer, imprimeur et libraire, de statuts et de livres d'heures du Saint-Esprit reliés. (Comptes de l'ordre du Saint-Esprit pour 1593, Bibl. nat., Ms. Cl. 1191, fol. 113 v° ; pour 1594, même Ms., fol. 132 v°, et copie du XVIIᵉ siècle, Ms. Cl. 1121, fol. 205 v° ; pour 1595, Ms. Cl. 1191, fol. 151 v° et 152 r° ; pour 1596, même Ms., fol. 169 v°).

1610. — Fourniture par Pierre Mestayer, imprimeur et libraire ordinaire du Roi, de statuts du Saint-Esprit, dont deux reliés, l'un pour le Roi et l'autre pour le prince de Condé. (Bibl. nat., Ms. Cl. 1128, fol. 217 r°).

1629. — Fourniture par Charles Morel, imprimeur ordinaire du Roi, de statuts du Saint-Esprit, reliés en vélin, avec des filets d'or. (9ᵉ compte de Thomas Morant, grand trésorier des ordres du Roi. — Bibl. nat., Ms. Cl. 1247, fol. 118 r°).

ÉTUIS, COFFRES ET PORTEFEUILLES POUR LES ORDRES

Il a été déjà question plus haut (n° 70) de la fourniture faite par G.-J.-B. Tiger de boîtes en vélin vert, destinées à contenir les preuves de noblesse des chevaliers du Saint-Esprit et les comptes de la Grande Trésorerie des ordres du Roi. Nous publions plus loin le texte de quelques documents relatifs à l'exécution d'étuis, de coffres ou de portefeuilles. Mentionnons également les fournitures suivantes :

1558, 1559, 1560 et 1566. — Fournitures par Audry le Conte, mᵉ gainier, d'étuis pour les colliers de Saint-Michel. (Comptes de l'ordre de Saint-Michel pour 1558,

1559, 1560 et 1566, copiés du XVIIe siècle, Bibl. nat., Ms. Cl. 1242, p. 1979, 2006, 2007 et 2011, et Ms. Cl. 1243, p. 2055 et 2196.)

1565. — Thomas Blondet, m^e gaînier, même fourniture. (Compte de l'ordre de Saint-Michel pour 1565, copie du XVIIe siècle, Ms. Cl. 1243, p. 2176.)

1594. — Fourniture par Antoine Sainctier, m^e doreur sur cuir à Tours, d'étuis pour les colliers du Saint-Esprit. (Compte de l'ordre du Saint-Esprit pour 1594, copie du XVIIe siècle, Bibl. nat., Ms. Cl. 1121, fol. 202 v°.)

1594. — Jacques du Moulinet ou du Moulin, m^e doreur, mêmes fournitures. (Même Ms. fol. 202 r° et Ms. Cl. 1191 (original), fol. 128 v°).

1654. — Fourniture par Michel Feucher, coffretier, d'un coffre de revêche pour mettre le manteau du Roi pour la cérémonie du Saint-Esprit du 8 juin 1654. (Bibl. nat., Ms. Cl. 1248, fol. 135 r°.)

1667 et 1689. — Fourniture par Pierre Fallet, coffretier ordinaire de la Reine, d'étuis de maroquin rouge dorés, aux armes, devises et chiffres du Saint-Esprit, pour les colliers dudit ordre et de quatre cassettes pour les croix, cordons, livres et chapelets du Saint-Esprit. (Comptes de la Grande Trésorerie des ordres du Roi pour 1667 et 1689, Bibl. nat., Ms. Cl. 1252, fol. 44 v°, et 1253, fol. 111 v°.)

1741. — Fourniture par Batilliot, relieur, de boîtes couvertes de vélin vert, dorées, pour les papiers du Saint-Esprit. (Compte de la Grande Trésorerie des ordres du Roi pour 1741, Bibl. nat., Ms. Cl. 1271, fol. 21 v° et fol. 153 r° et v^o.)

1756. — Fourniture par Auvray, m^e relieur, de boîtes en parchemin vert pour les archives des ordres du Roi. (Compte de la Grande Trésorerie des ordres du Roi pour 1756, Bibl. nat., Ms. Cl. 1279, fol. 16 r° et fol. 215 r°.)

1596

**93. — *Jacques du Moulinet, étuis pour les colliers
du Saint-Esprit.***

A Jacques du Moulinet, mᵉ doreur à Paris, la somme
de dix-huiet escuz, à luy ordonnée par mondit sieur le
chancelier, par son ordonnance signée de sa main, le
xxviiⁱᵉ jour de decembre oudit an iiiiˣˣxvi, pour six
grandz estuys de cuyr de maroquin orenge, semé de
fleurs de lis d'or, que ledit du Moulinet a faictz, fourniz
et livrez pour mectre et serrer lesdits six grandz colliers,
à raison de iii escus chacun. Cy, par vertu de ladite
ordonnance et de la quictance dudit doreur, signée à sa
requeste : le Maire, secretaire du Roy, le xxxᵉ dudit moys
de decembre, ladite somme de xviii escus.

(Compte de la Grande Trésorerie des ordres pour 1596, Bibl.
     nat., Ms. Cl. 1191, fol. 169 rᵒ et vᵒ).

1633

**94. — *Mathieu le Maire, coffres pour les reliques,
croix, etc., du Saint-Esprit.***

A Mathieu le Maire, mᵉ coffretier malletier à Paris, la
somme de soixante-douze livres, pour quatre coffres qu'il
a fourniz pour mettre les ornemens, reliques, colliers et
croix portez à Fontainebleau pour ladite cérémonye,
comme appert par sa quictance passée par devant
notaires, le neufième jour de may mviⁱ trente-trois. Cy,
lxxii livres.

(Compte de la Grande Trésorie des ordres du Roi pour 1633,
     Bibl. nat., Ms. Cl. 1247, fol. 151 rᵒ).

1635

**95. — *Simon François, cassette pour les titres des ordres
du Roi.***

A Simon François, mᵉ faiseur de coffres et cassettes à

Paris, la somme de quarante-cinq livres, pour avoir faict et fourny une grande cassette et coffre à deux serreures dorées, couverte de maroquin aussy doré et enrichye de plusieurs figures du Sainct Esprit, pour mettre tous les acquietz et tiltres desdictz ordres, ainsy que le contient ladite quictance passée par devant notaires.

Cy,   XLV livres.

(Compte de la Grande Trésorerie des ordres du Roi pour 1635, Bibl. nat., Ms. Cl. 1247, fol. 194 v°).

1642

96. — *Simon François, cassette pour les titres des ordres du Roi.*

A Simon François, marchant miroityer à Paris, la somme de soixante livres pour avoir faict et fourny une grande cayssette en forme de coffre, à deux serrures dorée, couverte de marocquin rouge aussy doré et enrichy de plusieurs figures du Sainct Esprit, doublée de satin rouge, pour mectre les chartres, tiltres, acquitz, comptes et autres papiers concernant le faict desdits ordres ; de laquelle somme de LX livres payement a esté faict audit François par sa quittance passée par devant notaires.

Cy,   LX livres.

(Compte de la Grande Trésorerie des ordres du Roi pour 1642, Bibl. nat., Ms. Cl. 1248, fol. 36 v°).

1654

97. — *Michel Feucher, coffres et valise pour les ornements du Saint-Esprit.*

A Michel Feucher, coffretier malletier à Paris, la somme de cent soixante livres pour quatre grands coffres et une valize de cuir, par luy faicte pour servir à mettre les ornemens de l'ordre, pour estre transportez en la ville de Reims et servir le lendemain du sacre de Sa

Majesté, suivant son ordonnance et la quittance dudit
Feucher. Cy,   CLX livres.

(Compte de la Grande Trésorerie des ordres du Roi; dépenses
faites pour la cérémonie de l'ordre du Saint-Esprit du
8 juin 1654, Bibl. nat., Ms. Cl. 1248, fol. 137 v°).

1654

**98. — *Jean le Febvre, étuis pour des colliers et le livre
des Évangiles du Saint-Esprit.***

A Jean le Febvre, mᵉ guennier et doreur sur cuir à
Paris, la somme de cinquante livres pour avoir par luy
faict et fourny trois estuitz de maroquin du Levant,
sçavoir, deux pour mettre les deux colliers de l'ordre du
Roy et de Monsieur, et l'autre, le livre des Évangiles ; le
tout pour servir à ladite cérémonye, par la quittance
dudit le Febvre, cy rapportée, et l'ordonnance de Sa
Majesté du neufième may mil six cens cinquante-quatre.
Cy,   L livres.

(Compte de la Grande Trésorerie des ordres du Roi; dépenses
faites pour la cérémonie de l'ordre du Saint-Esprit du
8 juin 1654, Bibl. nat., Ms. Cl. 1248, fol. 137 v° et 138 r°).

1722

**99. — *Jollivet et Robert, portefeuille pour les papiers
du Saint-Esprit.***

Fourni à Monsieur de Montargis, conseiller du Roy en
ses Conseils d'État et garde de son Trésor Royal, greffier-
secrétaire de l'ordre du Saint-Esprit, par Jollivet et
Robert, marchands ordinaires du Roy, du 13 octobre 1722.

Un très grand portefeuille de maroquin du Levant rouge
en boete, doré partout en plein de flâmes, fleurs de lys, les
armes du Roy des deux cotez et les ornements de l'ordre du
Saint-Esprit, doublé de satin de Gennes (lisez *Gênes*), garni

de grand galon d'or de Paris et des rubans de taffetas larges pour lever les papiers et une planche de carton garnie du même satin et gallon d'or, le tout fermant à serrure à canon, à quatre pennes, l'entrée d'argent scizelée et la clef scizelée d'une fleur de lys et trempée ; le tout très propre, pour la cérémonie du sacre de Sa Majesté, le tout au juste de

135 livres.

(*A la suite.*) Bon pour cent trente livres, le 20 décembre 1722.

(*Signé*) : L'Abbé de Pomponne.

(*A la suite.*) Je (*sic*) receu de Monsieur Crausa (*sic*) les cent trente livre pour le contenu au mémoire cy-dessus, dont je quitte mondit Sieur Crausa et tous autre.

Fait à Paris, ce 8ᵉ janvier 1723.

(*Signé*) : J. Jollivet et Robert.

(*En marge*). Nota. — Ce portefeuille appartiendra [à] la charge de secrétaire des ordres du Roy.

(Original. — Bibl. nat., Ms. Cl. 1259, fol. 303 rᵒ. — La mention de cette dépense se trouve dans le Compte de la Grande Trésorerie des ordres du Roi pour 1722, même Ms., fol. 14 vᵒ et 15 rᵒ).

MINIATURISTES ET CALLIGRAPHES

DES

ORDRES DE SAINT-MICHEL & DU SAINT-ESPRIT

MINIATURISTES

ET

CALLIGRAPHES

DES

ORDRES DE SAINT-MICHEL & DU SAINT-ESPRIT

Le document le plus intéressant parmi ceux que nous publions, concerne les miniatures qui décoraient l'évangéliaire de l'ordre du Saint-Esprit. Guillaume Richardière, m⁵ enlumineur parisien, fut chargé de faire les cartons de miniatures représentant le roi Henri III entouré des officiers de l'ordre et recevant les chevaliers, et des sujets tirés des Évangiles. Ce précieux manuscrit a disparu, mais Clairambault nous en a conservé une aquarelle copiée sur l'original (Ms. Cl. 1111, fol. 171 r°). Nous donnons la reproduction de cette copie.

Guillaume Richardière est déjà connu comme enlumineur. M. E. Picot a signalé une de ses œuvres (1). Il était beau-frère de Philippe Danfrie dont nous avons parlé précédemment. Philippe Danfrie, avait gravé les fers destinés aux reliures des statuts et de l'évangéliaire du Saint-Esprit.

(1) *Note sur l'enlumineur parisien Guillaume Richardière et sur son beau-frère Philippe Danfrie*, dans le *Bulletin de la Soc. de l'histoire de Paris*, 1889, p. 35 à 42.

Signalons un document du 30 mai 1580, analysé dans la *Revue des Autographes* (1), relatif au payement de 100 écus soleil fait au héraut d'armes pour « les fraiz par lui « faitz à faire enluminer le livre armorial des armes et « blason des chevaliers commandeurs de l'ordre et milice « du Saint-Esprit ». Il s'agit du manuscrit que Clairambault a vu, en 1711, chez Guyon de Sardière (2), et qui est actuellement conservé à la Bibliothèque Nationale (Ms. fr. 8203) ; il avait été composé par *Martin* Courtiger, *sieur de la Fontaine* ; les miniatures sont d'une exécution médiocre et paraissent être de plusieurs mains.

1522

**100. — *Pierre Le Jay, marchand de Paris,
et Étienne Coland, enlumineur, couvertures et enluminures
de statuts de Saint-Michel.***

Honnorable homme Pierre Le Jay, marchand, bourgeois de Paris, confesse avoir eu et receu de noble homme Mᵉ Antoine Tavart, chevalier, Roy d'armes de l'ordre et valet de Chambre du Roy notre sire, la somme de 13 livres tournois, qui due luy estoit pour 2 aulnes de veloux tanné, au prix de 6 livres 10 sols tournois l'aulne, que ledit Le Jay a baillé et livré audit chevalier pour couvrir 6 livres contenants les chapitres, statuts et ordonnances de l'ordre du Roy notre sire ; de laquelle somme de 13 livres tournois iceluy Le Jay s'est tenu pour contant, quittant etc., promettant etc., obligeant etc.

Fait et passé l'an 1522, le vendredy 9ᵉ jour de janvier.

(*Signé*) : A. LE FEVRE et LE HEURE, avec paraphes.

(1) Charavay éd., nᵒ 160 (novembre 1893).
(2) Bibl. Nat., Ms. Cl. 1111, fol. 85 rᵒ.

101. — Estienne Coland, enlumineur, demeurant à Paris, confesse avoir eu et receu de Mre Antoine Tavart, chevalier, Roy d'armes de l'ordre et valet de Chambre du Roy, la somme de 72 livres tournois, pour avoir fait par ledit Colland et livré 6 livres contenans les chapitres, statuts et ordonnances de l'ordre du Roy notre sire ; dont quittant etc., promettant etc., obligeant etc., renonceant etc.

Fait l'an 1522, le vendredi 9e jour de janvier.

(*Signé*) : MARTIN et A. LE FEVRE, avec paraphes.

102. — Je, Antoine Tavart, chevalier, Roy d'armes de l'ordre du Roy notre sire, confesse avoir receu de Mre Nicolas de Neuville, aussy chevalier, conseiller du Roy notre sire, secrétaire de ses Finances et trésorier dudit ordre, la somme de 86 escus d'or soleil, pour icelle somme estre baillée aux écrivains, enlumineurs et relieurs qui feront 12 livres en parchemin, esquels seront declurez, contenus et écrits les articles, statuts et ordonnances dudit ordre ; lesquels 12 livres qui seront ecrits, enluminez, reliez et couverts de veloux, le Roi notre sire a ordonné estre baillez et deslivrez à aucuns de M^{rs} les chevaliers dudit ordre, ce que je promets faire et en raporter certiffication bonne et suffisante desdits chevaliers, ausquels lesdits livres auront esté par moy baillez et presentez à mondit sieur le trésorier de l'ordre. En tesmoin de ce, j'ay signé la presente de ma main, le 22e jour de janvier 1522.

(*Signé*) : A. TAVART.

(Copie du XVIIe siècle. — Bibl. Nat., Ms. Cl 1242, p. 1629 à 1631).

1586

103. — *Renoult, calligraphie pour l'évangéliaire*
du Saint-Esprit.

Je, soubzsigné, confesse avoir receu de Monsieur Lhoste, secrétaire de la Chambre du Roy, la somme

de huict escuz soleil pour trois feuilletz que j'ay escripts
en parchemin pour Sa Majesté, pour l'ordre et milice du
Saint-Esprit ; de laquelle somme je me tiens pour content
et bien payé et en quicte ledit sieur Lhoste et tous
autres.

Fait le xvime jour de décembre 1586.

(Signé) : RENOULT.

(Original. — Bibl. Nat., Ms. Cl. 1119, fol. 74).

104. — A Renoult, écrivain de Sa Majesté, la somme de
8 écus soleil pour avoir par lui écrit à la main en lettre
grosse romaine et italienne, les trois Évangiles des
figures représentées par ledit enlumineur.

Pour cecy, par vertu de la quittance (sic) dudit Arnoult,
signée de sa main le 16e jour de décembre 1586, ladite
somme de   viii écus.

(Compte de l'ordre du Saint-Esprit pour 1586. — Bibl. Nat.,
    Ms. Cl. 1191, fol. 63 v° et 64 r°. — Voir aussi copie du
    XVIIe siècle, Ms. Cl. 1119, fol. 114 v°).

1586-1587

105. — Guillaume Richardière, enluminure de l'évangéliaire du Saint-Esprit.

En la presence de moy ....., notaire et secrétaire du
Roy, Me Guillaume Richardière, m^e enlumyneur, demeurant à Paris, a confessé avoir eu et receu contant de
Messire Nicolas de Neufville, chevalier, sieur de Villeroy,
grand trésorier de ses ordres, la somme de cinquante
escus soleil, à luy ordonnée par Monseigneur le chancellier, pour avoir par luy faict d'enlumyneure ung
carton de la représentation de Sadite Majesté et des
visaiges de Messieurs les cardinaulx, prélatz et officiers
assistans à la reception des chevaliers dudit ordre, et
trois autres cartons aussi d'enlumyneure des figures et

PRÉDICATION DE L'ÉVANGÉLISTE DE SAINT DENIS [illegible]

MINIATURE DE L'ÉVANGÉLIAIRE DU SAINT-ESPRIT
(Bibl. nat. Ms. Clairambault 1111, fol. 171 v°)

histoires de trois Evangilles, estans dedans l'évangillier
que Sadite Majesté a faict faire pour ledit ordre ; de
laquelle somme de L escus soleil ledit Richardière s'est
tenu pour contant par la presente, que j'ay, pour ce,
signée de ma main à sa requeste.

A Paris, le trentiesme jour de decembre mil cinq cens
quatre-vingtz-six.

(Original. — Bibl. Nat., Ms. Cl. 1119, fol. 73. — La mention
de cette dépense se trouve dans le Compte du Saint-
Esprit pour 1586. — Original, Ms. Cl. 1191, fol. 63 v°, et
copie du XVII° siècle, Ms. Cl. 1119, fol. 114 r° et v°).

106. — Faictes aussy paier à l'enlumyneur la somme
de cinquante escus soleil, pour avoir luy faict d'enlumyneure la représentation entière du grand tableau de la
reception des chevaliers dudit ordre, qui est en l'église
des Augustins, avecques trois cartons d'enlumyneure en
lieu d'un Crucifiement de Notre Seigneur acompaigné
d'une Vierge Marye et d'un Saint Jehan ; en l'autre, une
figure de Pentecoste, et l'autre une Nativité Notre
Seigneur ; et en rapportant la présente et quictance dudit
enlumyneur sur ce suffisante, ladite somme de cinquante escus vous sera passée sans difficulté.

Fait le III° jour de janvier 1587.

(Signé) : HURAULT.

(Original. — Bibl. Nat., Ms. Cl. 1119, fol. 71.)

1622

107. — *Dupont-Martineau, livre des armoiries, noms
et qualités des chevaliers des ordres.*

Au s° Dupont-Martineau, hérault, Roy d'armes desdits
ordres, la somme de huict cens livres à luy ordonnée,
pour un grand livre dans lequel son deppeintes toutes les
armoiryes, noms, qualitez et seigneuries de tous les cheval-

liers desdits ordres ; ledit livre ayant esté fait par
commandement de Sa Majesté, par estre mis dans le
trésor desdits ordres, comme appert par ordonnance de
mondit sieur le chancelier en datte du dix-neufième
febvrier MVI^e vingt-deux et quictance dudit Dupont-
Martineau, du vingt-quatrième desdits mois et an.

   Cy,   VIIIe livres.

(Compte de la Grande Trésorerie des ordres du Roi pour
   1621. — Bibl. Nat., Ms. Cl. 1247, fol. 48 r° et v°).

1709

108. — *Rochefort, dessin de la réception du collier*
du Saint-Esprit par Louis XIII.

Comme aussy fait dépense ledit sieur Chamillart de la
somme de quarante livres payée au sieur Rochefort, pour
avoir lavé et mis au net au château de Berny, le dessein
de la cérémomie de la réception du collier de l'ordre du
Saint-Esprit par le Roy Louis XIII, suivant l'ordonnance
de mondit sieur Chamillart, du XXVI juillet 1709, cy
raportée avec quittance dudit Rochefort.

   Cy,   XL. livres.

(Compte de la Grande Trésorerie des ordres pour 1709. —
   Bibl. Nat., Ms. Cl. 1255, fol. 26 v°).

1733-1734

109. — *Constantin et Tiger, enluminure et reliure*
du catalogue des chevaliers du Saint-Esprit.

De la somme de cent trente-une livres dix-huit sols
payée au sieur Constantin, dessinateur, tant pour luy que
pour le sieur Tiger, relieur, pour l'enlumineure et
relieure du catalogue de Messieurs les chevaliers,
commandeurs et officiers de l'ordre du Saint-Esprit,
déposé à la chancellerie des ordres du Roy, suivant le

mandement de M. l'abbé de Pomponne et quittance dudit sieur Constantin cy raportés.

Cy,   CXXXI livres XVIII sols.

(Compte de la Grande Trésorerie des ordres du Roi pour 1733.
— Bibl. Nat., Ms. Cl. 1265, fol. 15 r° et v°. — La quittance originale est dans le même Ms., fol. 175 r° et v°).

110. — Mémoire du prix que l'on demande pour avoir peint les armes des chevaliers, commandeurs et officiers de l'ordre du Saint-Esprit, qui composent le dernier volume des grands officiers de la couronne.

Sçavoir.

Pour 746 écussons, compris 18 qui étoient contenus en trois feuilles de suplément, à raison de 3 sols pièce, l'un portant l'autre.

Cy,   111 livres 18 sols.

(*A la suite*). Si on veut les rendre plus parfaits que ceux qui ont été peints, en ombrant toutes les pièces qui doivent l'estre et en retouchant ou redessinant les pièces manquées dans la graveure, on ne peut les faire à moins de cinq sols la pièce.

(*A la suite*). Ordre de paiement de l'abbé de Pomponne, du 2 février 1733, et quittance de l'enlumineur Constantin du 7 février suivant.

(Original. — Bibl. Nat., Ms. Cl. 1266, fol. 277 r° et v°. — La mention de cette dépense se trouve dans le Compte de la Grande Trésorerie des ordres du Roi pour 1734, Ms. Cl. 1265, fol. 205 r°).

1736

111. — *Constantin, dessins d'armoiries pour les volumes du catalogue des chevaliers du Saint-Esprit.*

Mémoire.

Pour avoir dessigné à la plume quarante-quatre armes

dans quatre volumes du catalogue des chevaliers,
commandeurs et officiers de l'ordre du Saint-Esprit.

Cy,   50 livres.

Ces volumes envoyez en Espagne au Roy Catholique et
aux princes, ses fils.

[(A la suite). Ordre de paiement de l'abbé de Pomponne
du 31 août 1736; bon à payer du grand trésorier des
ordres, Maurepas, du 7 septembre; reçu du dessinateur
Constantin, du 29 octobre].

(Original. — Bibl. Nat., Ms. Cl. 1257, fol. 304 r°. — La men-
    tion de cette dépense se trouve dans le Compte de la
    Grande Trésorerie des ordres du Roi pour 1736, même
    Ms., fol. 69 r°).

1742-1743

112. — *Monelle ou Monel, enluminure des armoiries du catalogue des chevaliers du Saint-Esprit.*

De la somme de cent douze livres dix-neuf sols payée
au sieur Monelle, pour avoir enluminé 753 écussons des
armes du catalogue des chevaliers, commandeurs et
officiers de l'ordre du Saint-Esprit, pour Monseigneur le
Dauphin, suivant son mémoire, mandement et quittance
cy raportés.

Cy,   CXII livres XIX sols.

(Compte la Grande Trésorerie des ordres du Roi pour 1742.
    — Bibl. Nat., Ms. Cl. 1271, fol. 188 v°. — Voir aussi, le
    reçu, même Ms., fol. 358 r°).

113. — De la somme de cent douze livres dix-neuf sols
paiée au sieur Monel pour l'enluminure des armes d'un
catalogue des chevalliers, commandeurs et officiers de
l'ordre du Saint-Esprit, contenant sept cens cinquante-
trois écussons, qui a été donne au prince des Asturies,
suivant le mémoire dudit Monel, mandement de M. l'abbé
de Pomponne et quittance cy rapportez.

Cy,   CXII livres XIX sols.

(Compte de la Grande Trésorerie des ordres du Roi pour
1743. — Bibl. Nat., Ms. Cl. 1272, fol. 39 rº. — Voir aussi
le reçu, même Ms., fol. 213 rº).

1745

**114. — *Morel, enluminure des armoiries d'un catalogue
des chevaliers du Saint-Esprit.***

De la somme de cent treize livres deux sols, payée au
sieur Morel pour enlumineure des armes d'un exemplaire
du catalogue des chevaliers, commandeurs et officiers
de l'ordre du Saint-Esprit, donné à M. le duc de Modène,
suivant les mémoire, mandement et quittance cy rap-
portés.

Cy,   CXIII livres II sols.

(Compte de la Grande Trésorerie des ordres du Roi pour
1745. — Bibl. Nat., Ms. Cl. 1273, fol. 15 vº et reçu, même
Ms., fol. 181 rº et vª).

1751

**115. — *Mauroy, enluminure des armoiries d'un catalogue
des chevaliers du Saint-Esprit.***

De la somme de vingt-quatre livres quinze sols payée
au nommé Mauroy, peintre, pour trente-trois écussons
dessinés et enluminés à l'addition du catalogue de
Messieurs les chevaliers et commandeurs des ordres du
Roy, suivant le mémoire, mandement de M. l'abbé de
Pomponne du 22 avril 1751 et quittance raportés.

Cy,   XXIIII livres XV sols.

(Compte de la Grande Trésorerie des ordres du Roi pour
1751. — Bibl. Nat., Ms. Cl., 1276, fol. 199 rº).

TABLE

CHATEAUDUN

IMPRIMERIE DE LA SOCIÉTÉ TYPOGRAPHIQUE

CHATEAUDUN. — IMPRIMERIE DE LA SOCIÉTÉ TYPOGRAPHIQUE